SIMULATIVE TRAINING OF ACCOUNTING

会计岗前实训

主编 ◎ 丘朝才　副主编 ◎ 林丽遂　曾志好　彭羽萍

暨南大学出版社
JINAN UNIVERSITY PRESS
中国·广州

图书在版编目（CIP）数据

会计岗前实训/丘朝才主编；林丽遂，曾志好，彭羽萍副主编．—广州：暨南大学出版社，2015.3（2021.12 重印）
ISBN 978－7－5668－1352－7

Ⅰ.①会… Ⅱ.①丘…②林…③曾…④彭… Ⅲ.①会计学—岗前培训—教材 Ⅳ.①F230

中国版本图书馆 CIP 数据核字（2015）第 039360 号

会计岗前实训
KUAIJI GANGQIAN SHIXUN
主　编：丘朝才　副主编：林丽遂　曾志好　彭羽萍

出 版 人：张晋升
责任编辑：曾鑫华　周明恩
责任校对：黄　颖
责任印制：周一丹　郑玉婷

出版发行：暨南大学出版社（510630）
电　　话：总编室（8620）85221601
　　　　　营销部（8620）85225284　85228291　85228292　85226712
传　　真：（8620）85221583（办公室）　85223774（营销部）
网　　址：http://www.jnupress.com
排　　版：广州市天河星辰文化发展部照排中心
印　　刷：广东虎彩云印刷有限公司
开　　本：787mm×1092mm　1/16
印　　张：13.75
字　　数：340 千
版　　次：2015 年 3 月第 1 版
印　　次：2021 年 12 月第 2 次
定　　价：38.00 元

前　言

为培养中等职业学校会计专业学生的实践操作能力，使学生更好地掌握会计技能，提高对会计岗位的适应能力，按照《关于实施国家中等职业教育改革发展示范学校建设计划的意见》中关于教材对接技能为切入点的要求，我们根据企业对会计岗位工作的实际需要，在教材编写方面，走出传统的“学科化”侧重理论教学内容体系的误区，关注企业的需求，把职业岗位、实践导向作为构建教材内容的切入点，构建以提高能力为本位的教学内容体系。本教材结合了当前会计实践中各岗位主要经济业务，通过实训环节，使学生在仿真的会计环境中系统地了解每个会计岗位的工作职责和业务流程，加深对会计基本理论的理解、基本方法的运用和基本技能的训练，实现理论与实践教学一体化的要求。

本书的主要特点：

（1）本书以就业为导向，以会计技能岗位需要为依据，按照会计业务核算需要共设置了出纳、财产物资、往来核算、薪酬核算、成本费用、筹资与投资核算、财务成果、财务报表、报税等主要的会计岗位，并以此来设计实训模块，通过系统化的、有重点岗位针对性的强化训练，增强学生上岗前对岗位工作的认识，熟练掌握会计主要核算岗位的技能要求。

（2）岗位实训以中等职业学校会计专业的实际情况为出发点，以企业仿真业务单据为主，与岗位零距离对接，贴近岗位、贴近实际，加深学生对会计工作的感性认知，培养学生识别和使用原始凭证的能力。通过对会计理论和会计实训任务的演练，提高学生的会计专业素质，演练内容力求实用、清晰、简练，符合中等职业学校会计专业的技能培养要求，有利于培养学生严谨的工作作风，增强其会计岗位工作的实践操作能力。

（3）本书在内容上按照当前最新的企业会计准则以及税务法律制度编写，以确保教材内容的先进性、实践性和可操作性。

本书由广东省对外贸易职业技术学校丘朝才、林丽遂、曾志好、彭羽萍老师编写，分工如下：丘朝才负责出纳岗位实训、薪酬核算岗位实训、筹资与投资核算岗位实训内容的编写；林丽遂负责财产物资岗位实训、往来核算岗位实训及财务报表岗位实训内容的编写；曾志好负责成本费用岗位实训内容的编写；彭羽萍负责财务成果岗位实训及报税岗位实训内容的编写；全书由丘朝才进行统稿。

同时，本书的编写也得到了企业及会计行业专家的大力支持，广东金证税务师事务所的卢树华注册会计师对本书的编写进行了指导并提出了宝贵的意见。

由于编者学识有限，书中难免存在不足之处，衷心希望会计专家和使用本书的师生批评指正，以便今后进一步修改和完善。

编 者

2014 年 12 月

目　录

模块一　出纳岗位实训

【知识目标】

1. 出纳工作的内容和流程。
2. 现金收付款及银行结算业务的办理。
3. 现金日记账、银行存款日记账的开设及登记要求。

【技能目标】

1. 认识出纳日常工作内容及交接要求。
2. 熟练掌握现金收付款业务及银行结算业务常用票据的填写。
3. 熟悉银行存款转账结算的多种方式及银行账户的相关知识。
4. 能正确、及时、规范地登记现金日记账及银行存款日记账。
5. 熟练掌握银行存款日记账的核对及银行存款余额调节表的编制。
6. 具备良好的职业意识和专业习惯，正确履行出纳岗位职责。

项目1　认识出纳工作岗位

一、出纳概述

出纳是按照国家财经法规以及单位有关规定和制度，办理本单位的现金收付、银行结算及有关账务，保管库存现金、有价证券、财务印章及有关票据等工作的总称。出纳是单位财务工作的重要基础，是单位顺利开展经济业务活动和保障资金安全的重要工作，对提高单位财务管理水平有着相当重要的意义。

二、出纳日常工作内容

（1）依据国家有关现金管理和银行结算制度的规定，办理现金收付和银行结算业务。

（2）按照会计工作规范要求严格审核有关原始凭证并做好现金日记账和银行存款日记账的登记工作，保证日清月结，编制银行存款余额调节表，及时查询未达账项。

（3）掌握单位银行存款余额，不准签发空头支票，不准出租、出借银行账户为其他单位办理结算或套取现金。

（4）保证库存现金和各种有价证券的安全与完整。

（5）保管好财务专用章、银行预留印鉴等有关印章、空白票据和空白支票。

（6）负责向税务部门购领发票，办理纳税申报、缴纳税款。

（7）办理日常各种业务报销，如办公费、差旅费、医药费等，办理职工借款及发放员工工资。

（8）出纳核算基本流程见图 1－1。

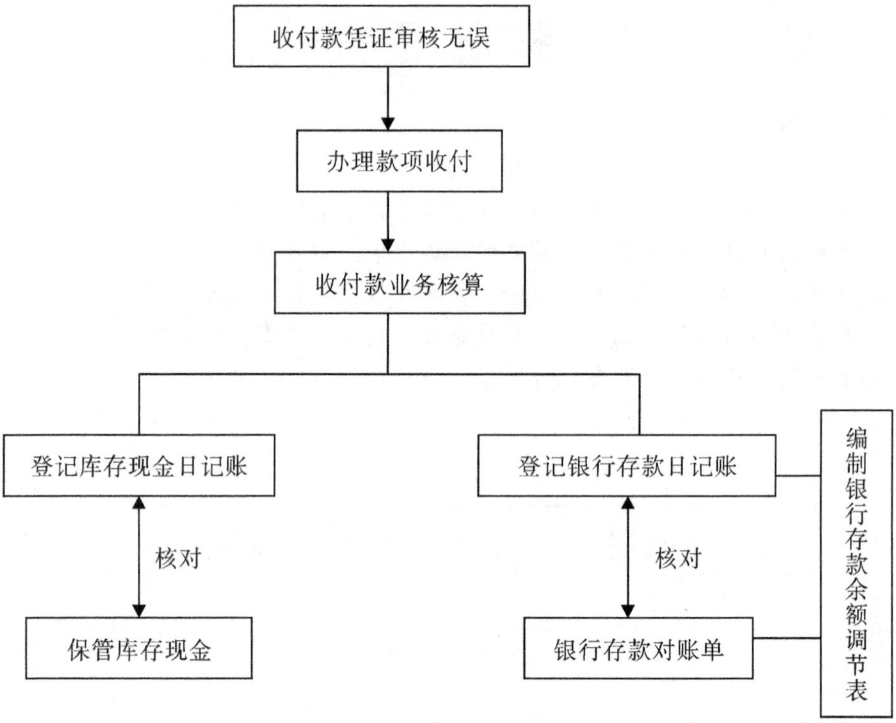

图 1－1　出纳核算基本流程

三、出纳工作交接流程

1. 交接主要内容

《会计法》规定："会计人员调动工作或者离职，必须与接管人员办理交接手续。"交接主要内容有：

（1）会计凭证（原始凭证、记账凭证）。

（2）会计账簿（现金日记账、银行存款日记账等）。

（3）相关报表（相关报告等）。

（4）现金、银行存款、有价证券和其他公有物品。

（5）用于银行结算的各种票据、票证、票据登记簿等。

（6）各种发票、收款收据，包括空白发票、空白收据、已用或作废的发票或收据的存根联等。

（7）印章，包括财务专用章、银行预留印鉴以及“现金收讫”、“现金付讫”、“银行收讫”、“银行付讫”等业务专用章。

（8）各种文件资料及其业务资料，如银行对账单，应由出纳人员保管的合同、协议等。

（9）办公与保险工具的钥匙以及各种保密号码。

（10）由本部门保管的各种档案资料和会计办公用具等。

（11）经办和跟进未了的出纳工作事项。

实行会计电算化的单位，交接还应包括以下内容：

（1）会计软件、软件操作手册。

（2）操作密码、数据磁盘、磁带等有关电算化的资料、实物。

2. 办理出纳交接手续

《会计法》规定：“会计人员调动工作或者离职，必须与接管人员办理交接手续。一般会计人员办理交接手续，由会计机构负责人、会计主管人员监交。”出纳交接要按照上述会计人员交接的内容和要求进行。出纳调动工作或者离职时，与接管人员办清交接手续，是出纳应尽的职责，是会计工作规范的要求，也是分清移交人员与接管人员责任的重大措施。办好交接工作，可以使出纳工作前后衔接，防止账目不清、财务混乱。

出纳工作应在有监交的情况下及时办理交接手续；交接要填写“移交表”，移交表主要包括库存现金移交表、银行存款移交表、有价证券和贵重物品移交表、核算资料移交表和物品移交表，以及交接说明书等，移交后交接双方和监交人必须签名或盖章。

项目2 现金收支业务核算

一、现金收支业务办理

1. 现金收入的原始凭证

在办理现金收款业务时，必须取得或填制原始凭证。收款的原始凭证大体可以分为以下几种：发票、增值税专用发票、非经营性收据、内部收据等。

现金收款业务基本程序：出纳在办理单位收款业务时，对于由他人填开的现金收入凭证，如未经有关人员审核，首先应对该凭证进行审核，出纳审核现金收款原始凭证无误后，就可点收交来的现金；对本人收取的款项，经清点核对无误后，按规定开具发票或内部使用的收据。收妥现金后，在现金收款原始凭证上加盖“现金收讫”戳。“现金收讫”戳通常要刻有单位名称、出纳姓名或代号，戳章的年、月、日要用变码日期。

2. 现金支付的原始凭证

现金支付业务的原始凭证可分为外来原始凭证和自制原始凭证。外来原始凭证主要是向外购货物或接受劳务服务而由供货方或提供劳务服务方填开的原始凭证，如客户的发票，员工差旅产生的车、船和飞机票等凭证。自制原始凭证则是由本单位在发生现金付款业务时由本单位统一制作并填开的原始凭证，如工资表、报销单、借款借据、差旅费借款单等。

现金付款业务基本程序：部分业务需出纳编制现金支出的原始凭证，出纳应根据规定方法真实填制该凭证的各项内容，并由单位负责人、会计主管、经办人签名或盖章。由会计编制记账凭证，对原始凭证认真审核，保证原始凭证真实、合法、准确，并由出纳据此支付现金。付款原始凭证的审核中，特别要注重对白条等不规范票据的防范。出纳根据已完善审批手续的原始凭据支付现金后，应在有关凭证上加盖“现金付讫”戳。

【知识链接】

根据《现金管理暂行条例》的规定，开户单位可以在下列范围内使用现金：职工工资、津贴；个人劳务报酬；根据国家规定颁发给个人的科学技术、文化艺术、体育等各种奖金；各种劳保、福利费用以及国家规定的对个人的其他支出；向个人收购农副产品和其他物资的价款；出差人员必须随身携带的差旅费；结算起点以下的零星支出；中国人民银行确定需要支付现金的其他支出。单位出纳工作应严格按照条例规定执行现金管理。

二、现金日记账的登记要求

正确登记现金日记账应根据审核无误的有关现金的收款凭证和付款凭证，或结合收、付款记账凭证所附原始凭证，序时、逐笔地登记现金日记账中各栏，逐日结算凭证余额，并与库存现金实有数核对，确保账款相符。在具体登记现金日记账时应做到以下几项要求：

（1）先将会计凭证日期、编号、业务内容摘要、金额和其他有关资料逐项记入账内，做到数字填写准确、摘要清楚、字迹工整。登记完毕，记账人员要在记账凭证上签名或者盖章，并注明已经登记的符号“√”，表示已经记账。

（2）账簿按日期顺序连续登记，不得跳行、隔页。如果发生跳行、隔页，应当将空行、空白页划线注销，或者注明“此行空白”、“此页空白”字样，并由记账人员签名或签章。制度规定只允许用红色墨水或者碳素墨水书写，不得用圆珠笔（银行的复写账簿除外）或者铅笔书写。账簿中书写的文字和数字一般应占格距的1/2，以便留有改错的空间。

（3）必须每天定期结出账户的余额，每一账页登记完毕，结转下页时，应当结出本页合计数及余额写在本页最后一行和下页第一行有关栏内，并在摘要栏注明“过次页”和

"承前页"字样。

（4）账簿记录错误的更正方法。如果会计账簿记录发生错误，不得用涂改、挖补、刮擦或者用药水消除字迹等方法更正错误，也不得重抄，应当根据错误情况，按照规定的方法进行更正。

（5）定期对账。定期将账簿与银行送来的对账单进行核对，保证账证相符、账实相符。

（6）定期结账。对于现金日记账，应做到"日清月结"，即每日终了结出本日借贷方发生额及余额，在摘要栏内注明"本日合计"字样，并在下面通栏划单红线。

【小贴士】

登记现金日记账，应严格按照《会计基础工作规范》等法规要求来进行。

【案例导入】

2014 年 3 月 1 日，蓝天贸易有限公司销售部经理李强出差上海产品展销会回来，退还多余现金 632 元，原始凭证见图 1－2。

收　据

2014 年 03 月 01 日　　　　　　　　NO：123456789

今收到　销售部李强交来差旅费余款

现金收讫

金额（大写）　零 拾 零 万 零 仟 陆 佰 叁 拾 贰 元 零 角 零 分（¥632.00）

蓝天贸易有限公司
44010319066888A
发票专用章

第三联　记账联

会计主管：张南天　　复核：赵华　　收款人：付新　　单位盖章：

图 1－2

业务操作：

（1）出纳收取出差人员交还的差旅费现金余款，开具收据，并在收据加盖"现金收讫"章和单位财务专用章。

（2）会计人员根据收款收据填制记账凭证（凭证号：记字第 028 号）。

（3）出纳根据记账凭证登记库存现金日记账，见图 1－3。

收 据

2014 年 03 月 18 日　　　　N O：123456790

今收到 ______________________________

____

金额（大写）拾　万　仟　佰　拾　元　角　分　（¥　　　）

第三联　记账联

会计主管：张南天　　复核：赵华　　收款人：付新　　单位盖章：

图 1－7

［实训 4］2014 年 3 月 23 日，支付行政部购办公用品款，请根据现金收付款要求盖章。原始凭证如图 1－8、图 1－9 所示（记账凭证号：记字第 052 号）。

现金支出凭单

附件 1 张　　　　2014 年 03 月 23 日　　　　第 20 号

用款事项：支付行政部购办公用品款

金额（大写）零拾零万零仟叁佰贰拾叁元捌角零分　（¥323.80　）

主管签章：张南天　　会计签章：赵华　　出纳签章：付新

图 1－8

广州市商品销售统一发票

发票联

2014 年 03 月 23 日填发

顾客名称及地址：蓝天贸易有限公司　　　　N O：020123

货品名称及规格	数量	单位	单价		金额					备注
					百	十	元	角	分	
签字笔、笔记本等	批			超过千元 无效	3	2	3	8	0	
	现金收讫									
（大写）叁佰贰拾叁元捌角零分				合计	3	2	3	8	0	

第三联：发票联

开票人：钱利国　　　　收款人：陈林　　　　填发单位：

图 1－9

［实训 5］请出纳根据上述经济业务，按现金日记账登记要求，以会计编制的记账凭证登记现金日记账，见图 1－10。

库存现金日记账

第 3 页

2014 年		凭证		票据号数	摘要	借方									贷方									余额									核对
月	日	种类	号数			百	十	万	千	百	十	元	角	分	百	十	万	千	百	十	元	角	分	百	十	万	千	百	十	元	角	分	
03	01				上月结转																						3	6	6	1	0	0	☐
03	01	记	028		收回差旅费余款					6	3	2	0	0													4	2	9	3	0	0	☐
																																	☐
																																	☐
																																	☐
																																	☐
																																	☐
																																	☐

图 1－10

项目 3　银行结算业务核算

一、银行结算业务概述

银行结算业务也叫支付结算，即转账结算业务，是单位、个人在社会经济活动中使用票据、信用卡、汇兑、托收承付、委托收款等结算方式，通过银行账户的资金转移实现收付的行为，银行是支付结算和资金清算的中介机构。目前的结算方式主要有支票、商业汇票、银行汇票、银行本票、汇兑、委托收款、异地托收承付和信用卡等方式。

二、主要的银行结算方式介绍

1. 支票

（1）支票是出票人签发的，委托办理支票存款业务的银行或者其他金融机构在见票时无条件支付确定的金额给收款人或者持票人的票据。支票的付款人只限于银行，要求必须有一定的资金关系存在，这与汇票、本票的付款人无身份限制有很大不同。

（2）支票的种类。按照支付票款的方式，支票可分为普通支票、现金支票和转账支票。支票上印有“转账”字样的为转账支票，转账支票只能用于转账；支票上印有“现金”字样的为现金支票，现金支票只能用于支取现金。普通支票既可以用来支取现金，也可以用来转账。普通支票用于转账时，应当在支票正面注明。这一注明方式一般是在支票左上角划线，未划线者可用于支取现金。单位和个人在同一票据交换区域的各种款项结算，均可以使用支票。

（3）银行支票的填写方法。转账支票与现金支票填写几乎是相同的，转账支票收款人应填写为对方单位名称，转账支票背面本单位不盖章。收款单位取得转账支票后，在支票背面被背书人栏内加盖收款单位财务专用章和法人章，填写好银行进账单后连同该支票一起交给收款单位的开户银行委托银行收款。转账支票的“用途”栏应填写相应内容，如货款、运输费、劳务费等。

中国工商银行
支票存根
9876543
3456789
附加信息
出票日期 年 月 日
收款人：
金 额：
用 途：
单位主管 会计赵华

付款期限自出票之日起十天

中国工商银行 支票 3456789 9876543 3456789
出票日期(大写) 年 月 日 付款行名称：
收款人： 出票人账号：
人民币（大写） 亿 千 百 十 万 千 百 十 元 角 分
用途
密码
行号
上列款项请从
我账户内支付
出票人签章 复核 记账

附加信息：
被背书人 被背书人
背书人签章 年 月 日
背书人签章 年 月 日
（贴粘单处）
根据《中华人民共和国票据法》等法律法规的规定，签发空头支票由中国人民银行处以票面金额5%但不低于1000元的罚款。

图1－11 普通支票的样式（支票的正面和背面）

【小贴士】

禁止签发空头支票；若银行退票，按现行票据法规定处以票面金额5%但不低于1 000元的罚款，持票人有权要求出票人按票面金额的2%赔偿。

2. 商业汇票

商业汇票是指由付款人或存款人（或承兑申请人）签发，由承兑人承兑，并于到期日向收款人或被背书人支付款项的一种票据。所谓承兑，是指汇票的付款人愿意负担起票面金额的支付义务的行为，承诺到期将无条件地支付汇票金额的行为。

商业汇票按承兑人的不同，可以分为商业承兑汇票和银行承兑汇票两种。商业承兑汇票是指由收款人签发，经付款人承兑，或者由付款人签发并承兑的汇票。银行承兑汇票是指由收款人或承兑申请人签发，并由承兑申请人向开户银行申请，经银行审查同意承兑的汇票。

3. 银行本票

银行本票是申请人将款项交存银行，由银行签发的承诺自己在见票时无条件支付确定的金额给收款人或者持票人的票据。银行本票按照其金额是否固定可分为不定额和定额两种。不定额银行本票是指凭证上金额栏是空白的，签发时根据实际需要填写金额，并用压数机压印金额的银行本票；定额银行本票是指凭证上预先印有固定面额的银行本票。本票提示付款期限自出票日起最长不得超过2个月。《银行结算办法》规定，单位、个体经营者和个人在同城范围的商品交易和劳务供应以及其他款项的结算均可以使用银行本票。

4. 银行汇票

银行汇票是汇款人将款项交存当地银行，由银行签发给汇款人持往异地办理转账结算或支取现金的票据。单位、个体经营者和个人需要支付的各种款项，均可使用银行汇票。银行汇票的适用范围限于中国人民银行和各专业银行参加“全国联行往来”的银行机构。在不能签发银行汇票的银行开户的汇款人需要使用银行汇票时，应将款项转交附近签发银行汇票的银行办理。

【知识链接】

主要的银行结算方式适用范围及办理业务对应使用的票据如表1－1所示。

表1－1

结算方式	适用范围与条件	常用票据
支票	单位与个人均可；同一票据交换区	普通支票、现金支票、转账支票、银行进账单
银行本票	单位与个人均可；同一票据交换区	银行本票申请书、银行本票
银行汇票	单位与个人均可；同一票据交换区、异地	银行汇票申请书、银行汇票
商业汇票	在银行开立存款账户的法人及其他组织之间，具有真实交易关系或债权债务关系；同一票据交换区、异地	商业承兑汇票、银行承兑汇票
汇兑	单位与个人均可；异地结算	电汇凭证、信汇凭证
委托收款	同城异地均可	托收凭证
异地托收承付	必须是国有企业、供销合作社及经审查同意的城乡集体所有制工业企业；必须是商品交易以及因商品交易而产生的劳务款项；异地结算	托收凭证

三、银行存款日记账的登记要求

银行存款日记账必须采用订本式账簿，其账页格式一般采用“收入”（借方）、“支出”（贷方）和“余额”三栏式。银行存款收、付款数额应根据有关的收、付款凭证登记。每日业务终了时，出纳应计算、登记当日的银行存款收入合计数、银行存款支出合计数，及时结出账面结余额，以便检查监督各项收入和支出款项，避免坐支现金的情况，并定期同银行的对账单相核对。

银行存款日记账是各单位重要的经济档案之一，在启用账簿时，也应按有关规定和要求填写“账簿启用表”，具体内容和要求可参照现金日记账的启用。银行存款日记账通常也是由出纳根据审核后的有关银行存款收、付款凭证，逐日逐笔顺序登记的。登记银行存款日记账的总的要求是：银行存款日记账由出纳专门负责登记，登记时必须做到反映经济业务的内容完整，登记账目及时，凭证齐全，账证相符，数字真实、准确，书写工整，摘要清楚明了，便于查阅，不重记，不漏记，不错记，按期结算，按会计工作规范的要求、方法更正错账，从而使账目既能明确经济责任，又清晰美观。具体要求如下：

（1）必须根据复核无误的银行存款收、付款记账凭证登记账簿。

（2）所记载的经济业务内容必须同记账凭证相一致，不得随意增减。

（3）要按经济业务发生的顺序逐笔登记账簿。

（4）必须连续登记，不得跳行、隔页，不得随意更换账页和撕扯账页。

（5）文字和数字必须整洁清晰，准确无误。

（6）使用钢笔，以蓝、黑色墨水书写，不得使用圆珠笔（银行复写账簿除外）或铅笔书写。

（7）每一账页记完后，必须按规定转页。方法同现金日记账。

（8）每月月末必须按规定结账。

四、银行存款余额调节表的编制

银行存款余额调节表是在银行对账单余额与单位的账面余额的核对基础上，各自加上对方已收、本单位未收款项数额，减去对方已付、本单位未付款项数额，以调整双方余额使其一致的一种调节方法。

通过核对调节，“银行存款余额调节表”上的双方余额相等，一般可以说明双方记账没有差错。如果经调节仍不相等，要么是未达账项未全部查出，要么是一方或双方记账出现差错，需要进一步采用对账方法核查原因。调节相等后的银行存款余额是当日可以动用的银行存款实有金额。对于银行已经划账，而企业尚未入账的未达账项，要待银行结算凭证到达后，才能据以入账，不能以“银行存款余额调节表”作为记账依据。

【知识链接】

银行账户相关知识：银行账户是各单位为办理结算和申请贷款而在银行开立的账户，银行账户是各单位通过银行办理转账、结算信贷以及现金收支业务的主要工具，具有反映和监督国民经济各部门经济活动的作用。凡新开办的企业或公司在取得工商行政管理部门颁发的法人营业执照后，可向银行申请开立自己的结算账户。根据《银行账户管理办法》的规定，银行账户应分为基本存款账户、一般存款账户、临时存款账户和专用存款账户四种。

1. 基本存款账户

基本存款账户是指存款人办理日常转账结算和现金收付的账户。它是各独立结算单位或实行独立核算的企业在银行开立的主要账户。按照规定，单位只能在银行开立一个基本存款账户，主要用于办理日常的转账结算和现金收付。企业、事业单位的工资、奖金等现金的提取只能通过基本存款账户办理。

2. 一般存款账户

一般存款账户是指存款人在基本账户以外的银行营业机构开立的银行结算账户，一般存款账户是存款人因借款或其他结算需要而开立的，存款人可以通过该账户办理转账、结算和存入现金，但不能支取现金。

3. 临时存款账户

临时存款账户是指存款人因临时经营活动需要开立的账户。存款人可以通过该账户办理转账结算和根据国家现金管理的规定办理现金收付。

4. 专用存款账户

专用存款账户是指存款人因特定用途而开立的账户，根据《银行账户管理办法》规定，存款人提供相应的证明文件，可以申请开立专用存款账户。

【任务互动】

练一练支票的填写方法。

2014 年 3 月 2 日，蓝天贸易有限公司签发现金支票一张，从银行提取现金 2 000 元备用。签发现金支票如下：

中国工商银行 支票　3456789　9876543
3456789

付款期限自出票之日起十天

出票日期(大写)贰零壹肆年叁月零贰日　付款行名称：工商银行白云支行
收款人：蓝天贸易有限公司　出票人账号：02112288

人民币（大写）	亿	千	百	十	万	千	百	十	元	角	分
贰仟元整					¥	2	0	0	0	0	0

用途 备用金

密码

行号 0123456789

上列款项请从
我账户内支付
出票人签章

蓝天贸易有限公司财务专用章　李董印

复核　记账

⑈306018⑈ 0012⑆026⑆0⑆　2920003266

图 1 – 12

中国工商银行
支票存根

9876543
3456789

附加信息______________________

出票日期2014年3月2日

收 款 人：	蓝天贸易有限公司
金　　额：	¥2000.00
用　　途：	备用金

单位主管　　　会计 赵华

图1－13

附加信息：	被背书人	被背书人	（贴粘单处）	
填写出纳身份证信息	蓝天贸易有限公司财务专用章　李董印 背书人签章 2014年3月2日	背书人签章 年　月　日		根据《中华人民共和国票据法》等法律法规的规定，签发空头支票由中国人民银行处以票面金额5%但不低于1000元的罚款。

图1－14

现金支票填写要点：

1. 按票据法的规范填写现金支票

（1）出票日期（数字必须大写）：贰零壹肆年叁月零贰日。

参照支付结算制度，大写数字写法：零、壹、贰、叁、肆、伍、陆、柒、捌、玖、拾。

①月的填写：为防止变造票据的出票日期，在填写月时，月为壹、贰和壹拾的应在其前加“零”；叁月至玖月前零字可加可不加。

②日的填写：在填写日时，日为壹至玖和壹拾、贰拾和叁拾的，应在其前加“零”。日为拾壹至拾玖的，应在其前加“壹”。

（2）收款人。

①现金支票收款人可写为本单位名称（收款人必须是全称），此时现金支票背面“被背书人”栏内加盖本单位的财务专用章和法人章，收款人在现金支票背面填上身份证号码和发证机关名称，凭身份证和现金支票签字领款。

②现金支票收款人可写为收款人个人姓名，此时现金支票背面不盖任何章，收款人在现金支票背面填上身份证号码和发证机关名称，凭身份证和现金支票签字领款。

③付款行名称、出票人账号：即为本单位开户银行名称及开户银行账号。

④人民币（大写）：贰仟元整。注意：“正”写为“整”字也可以。不能写为“零角零分”。

⑤人民币（小写）：最高金额的前一位空白格用人民币“￥”符号填写，数字填写要求完整清楚，不得涂改。

⑥用途：普通支票提取现金无须在支票左上角划线，现金支票用途有一定限制，一般应填写“备用金”、“差旅费”、“工资”、“劳务费”等。

⑦盖章：支票正面盖财务专用章和法人章（即盖预留银行印鉴），缺一不可，印泥为红色，印章必须清晰，印章模糊只能将本张支票作废，换一张重新填写、重新盖章。

2. 填写现金支票时需注意的其他事项

（1）支票正面不能有涂改痕迹，否则本支票作废。

（2）受票人如果发现支票填写不全，可以补记，但不能涂改。

（3）支票的有效期为10天，日期首尾算一天，节假日顺延。

（4）支票属于见票即付，不记名（丢了支票尤其是现金支票，如果票面金额已划付或提取，银行不承担责任）。

【小贴士】

本例给出的是普通支票，该种支票既可以用来支取现金，也可用来转账。普通支票用于转账时，应当在支票正面注明。这一注明方式一般是在支票左上角划线，未划线者可用于支取现金。

【案例导入】

2014年3月2日，蓝天贸易有限公司向碧草贸易有限公司销售甲产品1 000件，每件单价180元。

中国工商银行 支票　　3456789　　6789123
3219867

付款期限自出票之日起十天

出票日期(大写)贰零壹肆年叁月零贰日　　付款行名称：工商银行白云支行
收款人：蓝天贸易有限公司　　出票人账号：02016866

人民币(大写)	亿	千	百	十	万	千	百	十	元	角	分
贰拾壹万零陆佰元整			¥	2	1	0	6	0	0	0	0

用途 货款

上列款项请从
我账户内支付
出票人签章　　碧草贸易有限公司财务专用章　　钟华印

密码 ______
行号 ______

复核　　记账

⑈306018⑈ 0012⑆026⑆01⑆　　2920003266

图 1－15

附加信息：	被背书人：工商银行白云支行	被背书人
	蓝天贸易有限公司财务专用章　李董印　委托收款 背书人签章 2014 年 3 月 2 日	背书人签章 年　月　日

（贴粘单处）

根据《中华人民共和国票据法》等法律法规的规定，签发空头支票由中国人民银行处以票面金额 5% 但不低于 1000 元的罚款。

图 1－16

中国工商银行 支票　3456789　0205678 8765020

付款期限自出票之日起十天

出票日期(大写)贰零壹肆年叁月零壹拾日　付款行名称：工商银行白云支行

收款人：蓝天贸易有限公司　出票人账号：02016866

人民币(大写)	亿	千	百	十	万	千	百	十	元	角	分
陆万叁仟元整				¥	6	3	0	0	0	0	0

用途 货款

密码 ____________

行号 ____________

上列款项请从
我账户内支付
出票人签章　碧草贸易有限公司财务专用章　钟华印

复核　记账

⑈306018⑈ 0012⑉026⑉01⑆　2920003266

图 1－20

附加信息：	被背书人：工商银行白云支行	被背书人
	背书人签章 2014 年 3 月 10 日	背书人签章 年　月　日

（贴粘单处）

根据《中华人民共和国票据法》等法律法规的规定，签发空头支票由中国人民银行处以票面金额 5% 但不低于 1000 元的罚款。

图 1－21

银行进账单（回单） 1

年 月 日 YT10979906

<table>
<tr><td rowspan="3">出票人</td><td>全　称</td><td></td><td rowspan="3">收款人</td><td>全　称</td><td colspan="11"></td></tr>
<tr><td>账　号</td><td></td><td>账　号</td><td colspan="11"></td></tr>
<tr><td>开户银行</td><td></td><td>开户银行</td><td colspan="11"></td></tr>
<tr><td rowspan="2">金额</td><td colspan="4" rowspan="2">人民币（大写）</td><td>亿</td><td>千</td><td>百</td><td>十</td><td>万</td><td>千</td><td>百</td><td>十</td><td>元</td><td>角</td><td>分</td></tr>
<tr><td></td><td></td><td></td><td></td><td></td><td></td><td></td><td></td><td></td><td></td><td></td></tr>
<tr><td colspan="2">票据种类</td><td></td><td>票据张数</td><td></td><td colspan="11" rowspan="3">（交银行后视为已盖章）
开户银行盖章（略）</td></tr>
<tr><td colspan="2">票据号码</td><td colspan="3"></td></tr>
<tr><td colspan="5">复核　　记账</td></tr>
</table>

此联是开户银行交给持（出）票人的回单

图 1－22

［实训2］2014 年3 月23 日，预付给创世纪贸易公司60 000 元货款（创世纪贸易公司账号：005012345，汇入地点：湖南省长沙市，开户行：工商银行长沙支行），请根据银行填写规范要求完成有关票据的填写（记账凭证号：记字第 037 号），原始凭证如图1－23所示。

ICBC 中国工商银行

业务委托书 粤 AB 98765432　　委托日期　　年　　月　　日

正联（2010）First Page　　210mm×150mm

业务类型	□现金汇款　□转账汇款　□汇票申请书　□本票申请书　□其他____			
委托人	全称		收款人	全称	
	账号或地址			账号或地址	
	开户行名称			开户行名称	
汇款方式	□普通　□加急　加急汇款签字____			开户银行	省　市
币种及金额（大写）				亿 千 百 十 万 千 百 十 元 角 分	
用途			支付密码		

委托人确认上列委托信息填写正确，且已完全理解和接受背面“客户须知”的内容，上列款项及相关费用请从委托人账户内支付

委托人签章

银行填写	□联动收费　□非联动收费　□不收费	备注：

受理（扫描）：　　　　审核：

ICBC 中国工商银行

业务委托书　回执

粤 AB 98765432

委托人全称	
委托人账号	
收款人全称	
收款人账号	
金额	
委托日期	

此联为银行受理通知书。若委托人申请汇票或本票业务，应凭此联领取汇票或本票。

图 1－23

［实训 3］蓝天贸易有限公司在票据到期日前一天（2014 年 3 月 27 日），出纳填写“委托收款”凭证，委托开户银行办理商业承兑汇票（记账凭证号：记字第 039 号）。

商业承兑汇票　　2

出票日期：贰零壹肆年壹月贰拾捌日　　020123456

<table>
<tr><td rowspan="3">付款人</td><td>全　称</td><td>碧草贸易有限公司</td><td rowspan="3">收款人</td><td>全　称</td><td colspan="9">蓝天贸易有限公司</td></tr>
<tr><td>账　号</td><td>02016866</td><td>账　号</td><td colspan="9">02112288</td></tr>
<tr><td>开户银行</td><td>工商银行白云支行</td><td>开户银行</td><td colspan="9">工商银行白云支行</td></tr>
<tr><td rowspan="2" colspan="2">出票金额</td><td rowspan="2" colspan="3">人民币（大写）染万零贰佰元整</td><td>百</td><td>十</td><td>万</td><td>千</td><td>百</td><td>十</td><td>元</td><td>角</td><td>分</td></tr>
<tr><td></td><td>¥</td><td>7</td><td>0</td><td>2</td><td>0</td><td>0</td><td>0</td><td>0</td></tr>
<tr><td colspan="2">汇票到期日（大写）</td><td>贰零壹肆年叁月贰拾捌日</td><td rowspan="2" colspan="2">付款人
开户行</td><td>行号</td><td colspan="8">0123456789</td></tr>
<tr><td colspan="2">交易合同号码</td><td>购合同字20130125号</td><td>地址</td><td colspan="8">广州市南江路86号</td></tr>
<tr><td colspan="3">本汇票经承兑到期无条件付款
碧草贸易有限公司财务专用章　钟华印
承兑人签章
承兑日期2014年1月28日</td><td colspan="11">本汇票请予以承兑于到期日付款
碧草贸易有限公司财务专用章　钟华印
出票人签章</td></tr>
</table>

此联持票人开户行随托收凭证寄付款人开户行作借方凭证附件

图1－24

托收凭证（受理回单）　　1

托收日期　　年　月　日

<table>
<tr><td colspan="2">业务类型</td><td colspan="16">委托收款（□邮划、□电划）　　托收承付（□邮划、□电划）</td></tr>
<tr><td rowspan="3">付款人</td><td>全　称</td><td colspan="4"></td><td rowspan="3">收款人</td><td>全　称</td><td colspan="10"></td></tr>
<tr><td>账　号</td><td colspan="4"></td><td>账　号</td><td colspan="10"></td></tr>
<tr><td>地　址</td><td>省　市县</td><td>开户行</td><td colspan="2"></td><td>地　址</td><td colspan="4">省　市县</td><td colspan="3">开户行</td><td colspan="3"></td></tr>
<tr><td rowspan="2">金额</td><td rowspan="2" colspan="5">人民币（大写）</td><td>百</td><td>十</td><td>万</td><td>千</td><td>百</td><td>十</td><td>元</td><td>角</td><td>分</td><td colspan="3"></td></tr>
<tr><td></td><td></td><td></td><td></td><td></td><td></td><td></td><td></td><td></td><td colspan="3"></td></tr>
<tr><td colspan="2">款项内容</td><td></td><td colspan="2">托收凭据名称</td><td colspan="3"></td><td colspan="5">附寄单证张数</td><td colspan="5"></td></tr>
<tr><td colspan="2">商品发运情况</td><td colspan="3"></td><td colspan="3">合同名称号码</td><td colspan="10"></td></tr>
<tr><td colspan="3">备注：
复核　　记账</td><td colspan="5">款项收妥日期
（略）
年　月　日</td><td colspan="10">收款人开户银行签章（略）
年　月　日</td></tr>
</table>

此联作收款人开户行给收款人的受理回单

图1－25

［实训4］请出纳根据上述经济业务，按银行存款日记账登记要求，以会计编制的记账凭证登记银行存款日记账，见图1－26。

第 3 页

银行存款日记账

开户行：工商银行白云支行
账　号：02112288

2014 年		凭证		摘要	借方（亿千百十万千百十元角分）	贷方（亿千百十万千百十元角分）	余额（亿千百十万千百十元角分）	核对
月	日	种类	号数					
03	01			承前页	13266300	10423900	39156800	□
03	02	记	003	销售商品	21060000		60216800	□
								□
								□
								□
								□
								□
								□
								□

图 1－26

［实训 5］根据实训 4 的银行存款日记账（图 1－26）与银行对账单（图 1－27）核对，并根据未达账项编制银行存款余额调节表。

蓝天贸易有限公司 2014 年 3 月份银行对账单如下：

中国工商银行对账单

单位名称：蓝天贸易有限公司　　　　账号：02112288　　工商银行白云支行

日期	摘要	借方	贷方	余额
	承前页			391568.00
20140302	收货款		210600.00	602168.00
20140310	收货款		63000.00	665168.00
20140323	预付货款	60000.00		605168.00
20140327	收利息		1219.20	606387.20
20140328	收款		70200.00	676587.20
20140330	扣电话费	901.60		675685.60

打印日期：2014.03.31　　　　如有错误请与我行联系

图 1－27

银行存款余额调节表

单位：元

银行名称		币别	
银行账号		对账日期	
企业银行日记账余额		银行对账单余额	
加：银行已收，企业未收金额	减：银行已付，企业未付金额	加：企业已收，银行未收金额	减：企业已付，银行未付金额
调整后余额		调整后余额	

编制人： 复核人： 编制日期：

图 1－28

模块二　财产物资岗位实训

【知识目标】

1. 熟悉存货的性质和内容。
2. 熟悉存货的收入、发出和结存的计价方法。
3. 掌握固定资产取得、折旧及处置的核算。

【技能目标】

1. 熟悉存货业务、固定资产业务所涉及的原始凭证。
2. 能够正确地对财产物资岗位业务进行账务处理，正确编制有关记账凭证。
3. 登记在途物资和材料明细账及固定资产总账。

项目1　存货核算岗位

一、存货取得成本的核算

1. 外购存货成本的构成

材料等存货的采购成本，包括购买价款、相关税费、运输费、装卸费、保险费以及其他可归属于存货采购成本的费用。其中，存货的购买价款是指企业购入的材料或商品的发票账单上列明的价款，但不包括按规定可以抵扣的增值税进项税额。

存货的相关税费是指企业购买、自制或委托加工存货发生的关税、消费税、资源税和不能从销项税中抵扣的增值税进项税额。

一般纳税人外购存货发生的运输费用扣除可抵扣的进项税后计入成本。进项税额＝运输费用金额×7%。其中，运输费用金额是指运输费用结算单据上注明的运输费用、建设基金，不包括装卸费、保险费等其他费用。

其他可归属于存货采购成本的费用是指采购成本中除上述各项以外的可直接归属于存货采购成本的费用，如在存货采购过程中发生的仓储费、包装费、运输途中的合理损耗、入库前的挑选整理费用（包括挑选整理中发生的职工薪酬、费用支出和必要的损耗，并减去回收的下脚废料价值）等。

注意：企业在存货采购入库后发生的储存费用（不包括在生产过程中为达到下一个生产阶段所必需的费用）和不能归属于使存货达到目前场所和状态的其他支出不计入存货成本。

2. 加工取得的存货成本

自制存货的成本由采购成本、加工成本构成。委托外单位加工完成的存货其成本包括实际耗用的原材料或者半成品的成本、加工费、装卸费、保险费、委托加工的往返运输费等费用，以及按规定应计入成本的税金。

3. 其他方式取得的存货成本

①投资者投入存货的成本，应按照投资合同或协议约定的价值确定，但合同或协议约定价值不公允的除外。②通过非货币性资产交换、债务重组、企业合并等方式取得的存货成本，按相关会计准则的规定确定。③盘盈存货的成本，应按其重置成本作为入账价值，并通过“待处理财产损益”科目进行会计处理，按管理权限报经批准后冲减当期管理费用。

二、存货发出成本的核算

企业应当根据实际情况合理地选择发出存货成本的计算方法，以合理确定当期发出存货的实际成本。①个别计价法。这种方法计算出的发出存货和期末存货的成本比较合理、准确。②先进先出法。先进先出法是以先购入的存货应先发出（销售或耗用）这样一种存货实物流转假设为前提，对发出存货进行计价。③加权平均法及移动加权平均法。加权平均法不利于加强对存货的管理，因此从管理角度看这种方法并不是很严谨。而移动加权平均法能使管理当局及时了解存货的结存情况，而且计算的平均单位成本以及发出和结存的存货成本比较客观。④计划成本法。存货的收入、发出和结存均采用计划成本进行日常核算。

收料单为自制原始凭证，是外购材料物资验收入库时填制的凭证。一般一式三联，一联验收人员留底，一联交仓库保管人员据以登记明细账，一联连同发货票交财会部门办理结算。

【小贴士】

一般情况下，材料购进验单付款在收到有关单证 3 天内付款，验货付款在货物到达交货地 10 天内付款。企业购入材料验收入库时，如发现短缺或损毁，应及时查明原因，分清责任，区别不同情况进行处理。

三、存货的账务处理（实际成本法）

1. 原材料、库存商品的账务处理（见表2－1）

表2－1　原材料、库存商品的账务处理

业务类型		账务处理
取得	外购	1. 采购材料 借：原材料（材料已到） 在途物资（材料未到） 应交税费——应交增值税（进项税额） 贷：银行存款（应付账款、应付票据） 2. 在途入库 借：原材料 贷：在途物资 3. 暂估入库 借：原材料 贷：应付账款——暂估应付账款 下月初，用红字冲回 借：原材料（红字） 贷：应付账款——暂估应付账款（红字） 4. 预付款方式采购 （1）预付及补付货款。 借：预付账款 贷：银行存款 （2）材料入库。 借：原材料 应交税费——应交增值税（进项税额） 贷：预付账款
	自制产品完工入库	借：库存商品 贷：生产成本
	投资者投入	借：原材料 应交税费——应交增值税（进项税额） 贷：实收资本（股本） 资本公积——资本溢价
	接受捐赠	借：原材料 应交税费——应交增值税（进项税额） 贷：营业外收入

（续上表）

<table>
<tr><th colspan="2">业务类型</th><th>账务处理</th></tr>
<tr><td rowspan="2">发出</td><td>领用</td><td>借：生产成本
制造费用
管理费用
在建工程
贷：原材料</td></tr>
<tr><td>销售结转成本</td><td>1. 销售原材料
借：其他业务成本
贷：原材料
2. 销售商品
借：主营业务成本
贷：库存商品</td></tr>
<tr><td>运输途中材料短缺与损耗</td><td colspan="2">（1）定额内合理损耗计入采购成本。
（2）能确定由供应单位、运输单位、保险公司或其他过失方负责赔偿的：
借：应付账款
其他应收款
贷：在途物资
（3）尚待查明原因的：
查明原因前　借：待处理财产损益
贷：在途物资
查明原因后　借：应付账款
其他应收款
管理费用
营业外支出
贷：待处理财产损益
注：除自然损耗外，非正常盘亏和毁损的存货，还应按规定转出增值税进项税额</td></tr>
<tr><td>存货清查</td><td colspan="2">对财产物资的盘盈、盘亏和毁损，通过“待处理财产损益”科目核算，批准后处理：
（1）属于自然损耗产生的定额内损耗，经批准后转作管理费用。
（2）属于计量差错和管理不善造成的短缺或毁损，先扣除残料价值和可以收回的过失人的赔偿后计入管理费用。
（3）属于自然灾害或意外事故造成的毁损，先扣除残料价值和保险赔偿后计入营业外支出。
注：除自然损耗外，非正常盘亏和毁损的存货，还应按规定转出增值税进项税额</td></tr>
<tr><td>存货期末计价</td><td colspan="2">计提时：
借：资产减值损失——计提的存货跌价准备
贷：存货跌价准备
转回时，作相反分录</td></tr>
</table>

4. 低值易耗品的账务处理（见表2－4）

表2－4　低值易耗品的账务处理

业务类型		账务处理
一次摊销法	领用时（一次全部计入当期的成本费用）	借：制造费用 　　管理费用等 　贷：周转材料——低值易耗品（在库）
	报废时的残料	借：银行存款等 　贷：其他应付款——存入保证金
五五摊销法	领用时（摊销50%）	将账面价值转到“在用” 借：周转材料——低值易耗品（在用） 　贷：周转材料——低值易耗品（在库） 同时，摊销账面价值的50% 借：制造费用 　　管理费用等 　贷：周转材料——低值易耗品（摊销）
	报废时（摊销50%）	借：制造费用 　　管理费用等 　贷：周转材料——低值易耗品（摊销）
	结转全部摊销	借：周转材料——低值易耗品（摊销） 　贷：周转材料——低值易耗品（在用）
	收回残料时	借：原材料 　贷：制造费用 　　　管理费用等

【案例导入】

蓝天贸易有限公司（一般纳税人）于2014年3月1日购入原材料（以实际成本法核算）并验收入库，货款支付，请据以作出账务处理。

广东增值税专用发票

发 票 联

4400056782　　　　NO：80321143

开票日期：2014 年 03 月 01 日

购货单位	名　　称：蓝天贸易有限公司 纳税人识别号：44010319066888A 地 址 、电 话：广州市南江路 86 号 81116668 开户行及账号：建行广州白云支行 02112288					密码区	70359 < ＊8263 + 8 ＊5828　加密版本:01 394 < <79483 ＊7386487　3400044792 92 + +879 -4792 -54 < <6　02168932 849 < > ＊6743	
货物或应税劳务名称	规格型号	单位	数量	单价	金额		税率	税额
A 材料		千克	50	1200	60000. 00		17%	10200. 00
合　　计					¥60000. 00			¥10200. 00
价税合计（大写）	⊗柒万零贰佰圆整				（小写）　¥70200. 00			
销货单位	名　　称：利达贸易有限公司 纳税人识别号：440100987622678 地 址 、电 话：广州市天河北路 886 号 85656882 开户行及账号：建行广州林乐路支行 88366659					备注	利达贸易有限公司 440100987622678 发票专用章	

第二联：发票联　购货方记账凭证

收款人：　　　　复核：　　　　开票人：王 立　　　　销货单位：

图 2－1　发票

入库单（财会联）

NO：206

供货单位：利达贸易有限公司　　　　2014 年 03 月 01 日

材料名称及规格	单位	数量		实际价格		计划价格		价格差异
		交库	实收	单价	金额	单价	金额	
A 材料	千克	50	50	1200	60000. 00			
合　　计					60000. 00			

财务记账：张新　　　　保管验收：李文　　　　缴库：王亮

图 2－2

中国建设银行

支票存根

123456

7890

附加信息

出票日期2014年3月1日

收 款 人：	利达贸易有限公司
金　　额：	￥70200.00
用　　途：	货款

单位主管　　　会计 张新

图2-3

案例分析：

本案例为付款和入库同时的购进业务。货物到达后，先由质检员查验质量、规格等，检验合格后在收料单上签字。再由保管员验收数量，在收料单上签字，留一联登记保管账，另一联交财会部门，由材料核算员计算实际成本和单位成本，填入收料单，编制记账凭证，登记在途物资和材料明细账。

【任务互动】

2014年3月8日，蓝天贸易有限公司向大华贸易有限公司开出转账支票一张，购买B材料，材料已到达并验收入库。

中国建设银行

支票存根

123456

7891

附加信息

出票日期2014年3月8日

收 款 人：	大华贸易有限公司
金　　额：	￥46800.00
用　　途：	货款

单位主管　　　会计 张新

图2-4

中国建设银行进账单（回单） 1

2014 年 03 月 08 日　　　　YT10979923

<table>
<tr><td rowspan="3">出票人</td><td>全　称</td><td>蓝天贸易有限公司</td><td rowspan="3">收款人</td><td>全　称</td><td colspan="11">大华有限公司</td></tr>
<tr><td>账　号</td><td>02112288</td><td>账　号</td><td colspan="11">3422112</td></tr>
<tr><td>开户银行</td><td>建行广州白云支行</td><td>开户银行</td><td colspan="11">建行长沙分行</td></tr>
<tr><td rowspan="2">金额</td><td colspan="4" rowspan="2">人民币（大写）：肆万陆仟捌佰元整</td><td>亿</td><td>千</td><td>百</td><td>十</td><td>万</td><td>千</td><td>百</td><td>十</td><td>元</td><td>角</td><td>分</td></tr>
<tr><td></td><td></td><td></td><td>¥</td><td>4</td><td>6</td><td>8</td><td>0</td><td>0</td><td>0</td><td>0</td></tr>
<tr><td>票据种类</td><td>支票</td><td>票据张数</td><td colspan="2">1</td><td colspan="11" rowspan="3">（交银行后视为已盖章）
开户银行盖章（略）</td></tr>
<tr><td>票据号码</td><td colspan="4">30201920</td></tr>
<tr><td colspan="5">复核　　　　记账</td></tr>
</table>

此联是开户银行交给持（出）票人的回单

图 2－5

广东增值税专用发票

发　票　联

4400056782　　　　NO：80321143

开票日期：2014 年 03 月 01 日

<table>
<tr><td>购货单位</td><td colspan="5">名　　称：蓝天贸易有限公司
纳税人识别号：44010319066888A
地 址 、电 话：广州市南江路 86 号 81116668
开户行及账号：建行广州白云支行 02112288</td><td>密码区</td><td colspan="3">70359 < ∗8263 +8 ∗5828　加密版本:01
394 < <79483 ∗7386487　3400044792
92 + +879 −4792 −54 < <6　02168932
849 < > ∗6743</td></tr>
<tr><td colspan="2">货物或应税劳务名称</td><td>规格型号</td><td>单位</td><td>数量</td><td>单价</td><td>金额</td><td>税率</td><td>税额</td></tr>
<tr><td colspan="2">B 材料</td><td></td><td>千克</td><td>50</td><td>800</td><td>40000.00</td><td>17%</td><td>6800.00</td></tr>
<tr><td colspan="2">合　　计</td><td></td><td></td><td></td><td></td><td>¥40000.00</td><td></td><td>¥6800.00</td></tr>
<tr><td colspan="2">价税合计（大写）</td><td colspan="7">⊗肆万陆仟捌佰圆整　　　　（小写）　¥46800.00</td></tr>
<tr><td>销货单位</td><td colspan="5">名　　称：大华贸易有限公司
纳税人识别号：440105634654322
地 址 、电 话：湖南省长沙市 85656861
开户行及账号：建行长沙分行 3422112</td><td>备注</td><td colspan="3"></td></tr>
</table>

第二联：发票联　购货方记账凭证

收款人：　　复核：　　开票人：张　华　　销货单位：（章）

图 2－6

入库单（财会联）

NO：212

供货单位：大华贸易有限公司　　　　2014年03月08日

材料名称及规格	单位	数量		实际价格		计划价格		价格差异
		交库	实收	单价	金额	单价	金额	
B材料	千克	50	50	800	40000.00			
合　计					40000.00			

财务记账：张新　　　　保管验收：李文　　　　缴库：王亮

图2－7

业务岗位：出纳、仓库保管员、财产物资会计。

工作流程：

（1）出纳填写转账支票并经财务经理及总账会计盖章后到银行办理转账。

（2）仓库保管员进行材料验收入库，填写入库单。

（3）财产物资会计根据转账支票存根联、回单联、入库单编制记账凭证并登记相关明细账。

业务活动指导：

步骤1：审核原始凭证。

步骤2：根据审核无误的原始凭证编制记账凭证（凭证号：转字第029号）。

记　账　凭　证

2014年03月08日　　　　记字第029号

摘　　要	总账科目	明细科目	借方金额（亿千百十万千百十元角分）	贷方金额（亿千百十万千百十元角分）	√
购入材料并入库	原材料	B材料	4000000		□
	应交税费	应交增值税（进项税额）	680000		□
	银行存款			4680000	□
					□
					□
					□
合　　计			¥4680000	¥4680000	□

附单据4张

会计主管：　　　记账：　　　出纳：　　　复核：　　　制单：张新

图2－8

步骤 3：根据记账凭证登记原材料明细账。

原材料明细账

分页 2　总页 20

最高存量________　编号、名称____________　B 材料

最低存量________　储备天数________　存放地点 仓库　计量单位 千克

规　　格________　类别原材料

2014年		凭证字号	摘要	收入													发出													结存													
				数量	单价	金额											数量	单价	金额											数量	单价	金额											
月	日					亿	千	百	十	万	千	百	十	元	角	分			亿	千	百	十	万	千	百	十	元	角	分			亿	千	百	十	万	千	百	十	元	角	分	
02	01		承前页																											30	800.00					2	4	0	0	0	0	0	
03	08	记 029	购入材料并入库	50	800.00					4	0	0	0	0	0															80	800.00					6	4	0	0	0	0	0	

图 2－9

【技能实训】

蓝天贸易有限公司是增值税一般纳税人，存货按实际成本进行计价，2014 年 3 月发生如下经济业务，请据以作出账务处理。

（1）2014 年 3 月 3 日购入库存商品一批，款项已通过银行转账支付，商品已验收入库。

广东增值税专用发票

4400056782　　　　　　　　**发　票　联**　　　　　　　　NO：80321143

开票日期：2014年03月03日

购货单位	名　　称：蓝天贸易有限公司 纳税人识别号：44010319066888A 地 址 、电 话：广州市南江路86号 81116668 开户行及账号：建行广州白云支行 02112288				密码区	70359 < * 8263 + 8 * 5828　加密版本:01 394 < < 79483 * 7386487　3400044792 92 + + 879 - 4792 - 54 < < 6　02168932 849 < > * 6743		
货物或应税劳务名称	规格型号	单位	数量	单价	金额	税率	税额	
丙商品		台	30	1000	30000.00	17%	5100.00	
合　　计					¥30000.00		¥5100.00	
价税合计（大写）	⊗叁万伍仟壹佰圆整				（小写）　¥35100.00			
销货单位	名　　称：江宁贸易有限公司 纳税人识别号：440100987654321 地 址 、电 话：广州市中山一路8号 85656861 开户行及账号：建行广州中山路支行 88366634				备注			

第二联：发票联　购货方记账凭证

收款人：　　　　复核：　　　　开票人：张　华　　　　销货单位：

江宁贸易有限公司 440100987654321 发票专用章

图2-10

入库单（财会联）

NO：208

供货单位：江宁贸易有限公司　　　　2014年03月03日

材料名称及规格	单位	数量		实际价格		计划价格		价格差异
		交库	实收	单价	金额	单价	金额	
丙商品	台	30	30	1000	30000.00			
合　　计					30000.00			

财务记账：张新　　　保管验收：李文　　　缴库：王亮

图2-11

中国建设银行
支票存根

123456
7896

附加信息______________________

____

____

出票日期 2014 年 3 月 3 日

收 款 人：	江宁贸易有限公司
金　　额：	¥35100.00
用　　途：	货款

单位主管　　　会计 张新

图 2－12

（2）8 日购入材料一批，款项已通过银行转账支付，商品尚未到达。

广东增值税专用发票
发 票 联

4400056782　　　　　　NO：80320013

开票日期：2014 年 03 月 08 日

购货单位	名　　称：蓝天贸易有限公司 纳税人识别号：44010319066888A 地 址 、电 话：广州市南江路 86 号 81116668 开户行及账号：建行广州白云支行 02112288				密码区	70359 < ＊8263 +8 ＊5828　加密版本:01 394 < <79483 ＊7386487　3400044792 92 + +879 －4792 －54 < <6　02168932 849 < > ＊6743	
货物或应税劳务名称	规格型号	单位	数量	单价	金额	税率	税额
A 材料		千克	2000	10	20000.00	17%	3400.00
合　　计					¥20000.00		¥3400.00
价税合计（大写）	⊗贰万叁仟肆佰圆整				（小写） ¥23400.00		
销货单位	名　　称：三联贸易有限公司 纳税人识别号：440100987444355 地 址 、电 话：广州市中山八路 83346861 开户行及账号：中行广州中山路支行 76365528				备注	三联贸易有限公司 440100987444355 发票专用章	

第二联：发票联　购货方记账凭证

收款人：　　　复核：　　　开票人：李 娜　　　销货单位：（章）

图 2－13

中国建设银行 支票存根 123456 7897
附加信息
出票日期 2014 年 3 月 8 日
收 款 人：三联贸易有限公司
金 额：¥23400.00
用 途：货款
单位主管 会计 张新

图 2－14

（3）2014 年 3 月 12 日，本月 8 日购入的 A 材料到货。

入库单（财会联） N O：324

供货单位：三联贸易有限公司 2014 年 03 月 12 日

材料名称及规格	单位	数量		实际价格		计划价格		价格差异
		交库	实收	单价	金额	单价	金额	
A 材料	千克	2000	2000	10.00	20000.00			
合 计					20000.00			

财务记账：张新 保管验收：李文 缴库：王亮

图 2－15

（4）2014 年 3 月 15 日生产领用 A 材料一批。

领料单（财会联）

领料单位第一车间　　　　　　　　　　　　　　　　　　　　凭证编号______
用　途生产 A 商品　　　　　　2014 年 03 月 15 日　　　　　　发料仓库______

材料			单位	数量		成本										材料账页
编号	名称	规格		请领	实发	单价	总价									
	A 材料		千克	1000	1000	10	百	十	万	千	百	十	元	角	分	
									1	0	0	0	0	0	0	
								¥	1	0	0	0	0	0	0	

主管：　　会计：张新　　记账：张新　　保管：王敏　　发料：李文　　领料：张迪

图 2－16

（5）2014 年 3 月 21 日购入 F 商品一批，即日 F 商品已验收入库，款未付。

广东增值税专用发票
发　票　联

4400065927　　　　　　　　　　　　　　　　　　　　NO：80321125

开票日期：2014 年 03 月 21 日

购货单位	名　　称：蓝天贸易有限公司 纳税人识别号：44010319066888A 地 址 、电 话：广州市南江路 86 号 81116668 开户行及账号：建行广州白云支行 02112288	密码区	70359 < *8263 +8 *5828　加密版本:01 394 < <79483 *7386487　3400044792 92 + +879 －4792 －54 < <6　02168932 849 < > *6743

货物或应税劳务名称	规格型号	单位	数量	单价	金额	税率	税额
F 商品		台	500	100	50000.00	17%	8500.00
合　计					¥50000.00		¥8500.00
价税合计（大写）	⊗伍万捌仟伍佰圆整				（小写）	¥58500.00	

销货单位	名　　称：友容贸易有限公司 纳税人识别号：440100887652236 地 址 、电 话：广州市建设六马路 85656721 开户行及账号：工行广州建设路支行 77365534	备注	友容贸易有限公司 440100887652236 发票专用章

第二联：发票联　购货方记账凭证

收款人：　　　　复核：　　　　开票人：林小华　　　　销货单位：(章)

图 2－17

入库单（财会联）

NO：328

供货单位：友容贸易有限公司　　2014 年 03 月 21 日

材料名称及规格	单位	数量		实际价格		计划价格		价格差异
		交库	实收	单价	金额	单价	金额	
F 商品	台	500	500	100.00	50000.00			
合　计					50000.00			

财务记账：张新　　保管验收：李文　　缴库：王亮

图 2－18

（6）2014 年 3 月 26 日购入 B 商品一批，即日 B 商品已验收入库，但发票账单等尚未到达，请作出 2014 年 3 月 30 日的账务处理（暂估价为 30 000 元）。

（7）2014 年 3 月 30 日盘存存货，发现盘盈 E 商品一件，按市场价格确定的成本为 2 000元。经查明，属于收发时的计量误差所致，经批准冲销企业的管理费用。

存货盘点报告表

单位名称：蓝天贸易有限公司　　2014 年 03 月 30 日

类别及名称	计量单位	实存		账存		对比结果				差异原因
						盘盈		盘亏		
		数量	金额	数量	金额	数量	金额	数量	金额	
E 商品	件	20	40000.00	21	42000.00			1	2000.00	自然损耗
合　计			40000.00		42000.00			1	2000.00	
财务部门处理意见										

盘点人签名：陈楚河　　保管人：李文　　负责人：

注：本表一式两联，一联交仓库，一联由财务入账。

图 2－19

（8）请作出 2014 年 4 月 1 日冲销暂估入账的记账凭证。

项目2　固定资产核算岗位

一、固定资产的初始计量

固定资产应当按取得时的实际成本入账，具体是：

（1）购入的固定资产，其入账成本包括购买价款以及为使固定资产达到预定可使用状态前所发生的可归属于该项资产的运输费、装卸费、安装费和专业人员服务费等。自2009年1月1日起，允许全国范围内的所有增值税一般纳税人抵扣其新购进机器、机械、运输工具以及其他与生产、经营有关的设备、工具、器具所含的进项税额，当期未抵扣完的进项税额结转下期继续抵扣。购进过程中支付运输费用，按照运输费用结算单据上注明的运输费用金额和7%的扣除率计算进项税额。

（2）自行建造的固定资产，按照建造过程中实际发生的全部支出记账。在固定资产尚未交付使用或者已投入使用但尚未办理竣工决算之前发生的固定资产的借款利息和有关费用，以及外币借款的汇兑差额，应计入固定资产价值；在此之后发生的借款利息和有关费用以及外币借款的汇兑差额，应当计入当期损益。已投入使用但尚未办理移交手续的固定资产，可先按估计价值记账，待确定实际价值后，再进行调整。

（3）其他单位投资转入的固定资产，按评估确认或者合同、协议约定的价格记账。

（4）融资租入的固定资产，按租赁协议确定购买设备价款、运输费、途中保险费、安装调试费等支出记账。

（5）在原有固定资产基础上进行改建、扩建的固定资产，接原有固定资产账面原价，减去改建、扩建过程中发生的变价收入，加上由于改建、扩建而增加的支出记账。

（6）接受捐赠的固定资产应按照同类资产的市场价格或者有关凭据确定固定资产价值。接受捐赠固定资产时发生的各项费用，应计入固定资产价值。

（7）盘盈的固定资产，按重置完全价值记账。

二、固定资产折旧

固定资产折旧，是指在固定资产的使用寿命内，按照确定的方法对应计折旧额进行的系统分摊。常用的折旧方法有直线法、工作量法、年数总和法和双倍余额递减法。固定资产折旧年限和折旧方法一经确定，一般不得随意变更。需要变更的，由企业提出申请，并在变更年度前报主管财政机关批准。折旧的计提方法有：

1. 直线法

直线法又称平均年限法，是根据固定资产的原值、预计净残值或净残值率和规定的预计使用年限，平均计算固定资产折旧额的一种方法。其计算公式如下：

$$年折旧额=\frac{固定资产原值-预计净残值}{预计折旧年限}=\frac{固定资产原值\times(1-预计净残值率)}{预计折旧年限}$$

式中，预计净残值率是预计净残值占固定资产价值的百分比，按照现行财务制度的规定，一般固定资产的净残值率在3%～5%之间，企业如规定低于3%或高于5%的，应报主管财政部门备案。

$$年折旧率=\frac{年折旧额}{固定资产价值}\times100\%=\frac{1-预计净残值率}{预计折旧年限}\times100\%$$

$$月折旧率=年折旧率\div12$$

$$月折旧额=固定资产原值\times月折旧率$$

上述折旧率是就某项固定资产单独计算的，叫做“个别折旧率”。除了按个别折旧率来计算固定资产折旧外，还有采用分类折旧率来计算折旧的。分类折旧率是指按固定资产类别（指折旧年限大致相同的同类固定资产）分别计算的平均折旧率。它的计算公式如下：

$$折旧率=\frac{该类固定资产年折旧额之和}{该类固定资产原值之和}\times100\%$$

每月计提折旧的固定资产，包括企业所有生产经营用和非生产经营用固定资产、融资租赁方式租入和经营租赁方式租入固定资产。按照现行制度的规定，除房屋、建筑物外，对未使用、不需用固定资产、经营租赁租入固定资产，以及已提足折旧仍继续使用的固定资产，破产及关、停企业的固定资产都不提折旧。但对季节性停用、大修理停用的固定资产，仍应照提折旧。

2. 工作量法

工作量法是指根据实际工作量（行驶里程或工作时数）计提折旧的一种方法。其基本计算公式为：

$$单位工作量折旧额=\frac{固定资产原值\times(1-预计净残值率)}{预计总工作量}$$

$$月折旧额=该项固定资产当月工作量\times每单位工作量折旧额$$

3. 年数总和法

年数总和法又称总和年限法，它是以固定资产折旧年限的各年可使用年限相加之和为分母，以各年可使用年限为分子来计算各年折旧额的折旧计算方法。采用年数总和折旧法计算固定资产折旧时的折旧率和折旧额，按照下列公式计算：

$$年折旧率=\frac{预计折旧年限-已使用年限}{预计折旧年限\times(预计折旧年限+1)\div 2}\times 100\%$$

$$月折旧率=年折旧率\div 12$$

$$月折旧额=(固定资产原值-预计净残值)\times 月折旧率$$

4. 双倍余额递减法

双倍余额递减法是指在不考虑固定资产预计净残值情况下，以双倍直线折旧率乘以固定资产每年年初折余价值来计算折旧额的方法。其计算公式为：

$$年折旧率=2\div 预计折旧年限\times 100\%$$

$$月折旧额=年初固定资产折余价值\times 年折旧率\div 12$$

按现行财务制度的规定，采用双倍余额递减法计算折旧的固定资产，应在其固定资产折旧年限到期两年内，将固定资产净值扣除预计净残值后的净额平均摊销。

三、固定资产的处置

固定资产的处置主要是指固定资产的报废和出售以及对由于各种不可抗拒的自然灾害而遭到损坏的固定资产所进行的清理工作。

企业因出售、报废、毁损等原因而减少的固定资产要通过“固定资产清理”账户核算。“固定资产清理”是计价对比账户，它核算公司因出售、报废和毁损等原因转入清理的固定资产净值以及在清理过程中所发生的清理费用和清理收入。其借方反映转入清理的固定资产的净值和发生的清理费用，贷方反映清理固定资产的变价收入和应由保险公司或过失人承担的损失等。

四、固定资产的账务处理

表 2－5

<table>
<tr><th colspan="3">业务类型</th><th>账务处理</th></tr>
<tr><td rowspan="2">购入</td><td colspan="2">不需安装的</td><td>借：固定资产
应交税费——应交增值税（进项税额）
贷：银行存款等</td></tr>
<tr><td colspan="2">需要安装的</td><td>借：在建工程
应交税费——应交增值税（进项税额）
贷：银行存款
应付职工薪酬等
安装完工后：
借：固定资产
贷：在建工程</td></tr>
<tr><td rowspan="6">自营方式建造</td><td rowspan="2">购入工程物资，款已付</td><td>用于生产设备（动产）</td><td>借：工程物资
应交税费——应交增值税（进项税额）
贷：银行存款</td></tr>
<tr><td>用于不动产（厂房）</td><td>借：工程物资
贷：银行存款</td></tr>
<tr><td rowspan="2">工程领用本企业产品</td><td>用于生产设备改造（动产）</td><td>借：在建工程
贷：库存商品</td></tr>
<tr><td>用于厂房改造</td><td>借：在建工程
贷：库存商品
应交税费——应交增值税（销项税额）</td></tr>
<tr><td rowspan="2">工程领用本企业购买的材料</td><td>用于生产设备（动产）</td><td>借：在建工程
贷：原材料</td></tr>
<tr><td>用于不动产（厂房）</td><td>借：在建工程
贷：原材料
应交税费——应交增值税（进项税额转出）</td></tr>
<tr><td rowspan="3">出包方式建造</td><td colspan="2">预付款</td><td>借：预付账款
贷：银行存款</td></tr>
<tr><td colspan="2">结算工程进度款</td><td>借：在建工程
贷：预付账款</td></tr>
<tr><td colspan="2">工程完工达到可使用状态</td><td>借：固定资产
贷：在建工程</td></tr>
</table>

（续上表）

业务类型	账务处理
接受捐赠	借：固定资产 　　应交税费——应交增值税（进项税额） 　贷：营业外收入——捐赠利得
固定资产出售、报废、毁损	结转净值： 借：固定资产清理 　　累计折旧 　　固定资产减值准备 　贷：固定资产 取得销售收入、残料收入、保险赔款等： 借：银行存款 　　原材料 　　其他应收款 　贷：固定资产清理 发生清理费用和税费： 借：固定资产清理 　贷：银行存款 　　　应交税费——应交营业税等 结转清理净损益： 借：固定资产清理 　贷：营业外收入（清理收益） 借：营业外支出（清理损失） 　贷：固定资产清理 注：属于筹建期间的净损益计入管理费用。
投资转出	借：固定资产清理 　　累计折旧 　　固定减值准备 　贷：固定资产 　　　应交税费——应交营业税 借：长期股权投资 　贷：固定资产清理
捐赠转出	借：固定资产清理 　　累计折旧 　　固定资产减值准备 　贷：固定资产 借：营业外支出 　贷：固定资产清理

（续上表）

<table>
<tr><th colspan="2">业务类型</th><th>账务处理</th></tr>
<tr><td rowspan="2">固定资产清查</td><td>盘盈</td><td>审批前：
借：固定资产
　贷：以前年度损益调整
审批后：
借：以前年度损益调整
　贷：应交税费——应交所得税
借：以前年度损益调整
　贷：盈余公积——法定盈余公积
　　　利润分配——未分配利润</td></tr>
<tr><td>盘亏</td><td>审批前：
借：待处理财产损益
　　累计折旧
　贷：固定资产
审批后：
借：其他应收款
　　营业外支出——盘亏损失
　贷：待处理财产损益</td></tr>
<tr><td rowspan="2">后续支出</td><td>费用化支出</td><td>借：管理费用
　　销售费用
　贷：银行存款</td></tr>
<tr><td>资本化支出</td><td>转入在建工程：
借：在建工程
　　累计折旧
　　固定资产减值准备
　贷：固定资产
发生资本化支出：
借：在建工程
　贷：银行存款等
达到预定可使用状态：
借：固定资产
　贷：在建工程</td></tr>
<tr><td colspan="2">减值计提</td><td>借：资产减值损失
　贷：固定资产减值准备</td></tr>
</table>

【小贴士】

根据新税法的规定，对于生产经营固定资产（设备等动产），设备改造（在建工程）领用原材料时，进项税可以抵扣，不必作进项税转出；设备改造领用自产产品时不需视同销售，不计算销项税额。但不动产或非生产经营用动产等，其领用原材料时需作进项税额转出，领用自产产品需视同销售，计算增值税销项税额。

【案例导入】

2014 年 3 月 15 日，广东宏达有限责任公司购入一部需要安装的生产车间载货电梯，有关单据如图 2－20 所示。

上海增值税专用发票

4400081140 发 票 联 NO：022719763

开票日期：2014 年 03 月 15 日

购货单位	名　　称：广东宏达有限责任公司 纳税人识别号：440101044534542 地 址 、电 话：广州市东华南路 86 号 85616008 开户行及账号：建行广州白云支行 4512226006			密码区	70359 < ＊8263 ＋8 ＊5828 加密版本:01 394 < <79483 ＊7386487 3400044792 92 ＋ ＋879 －4792 －54 < <6 02168932 849 < > ＊6743		
货物或应税劳务名称	规格型号	单位	数量	单价	金额	税率	税额
电梯		部	1	500000	500000. 00	17%	85000. 00
合　　计					¥500000. 00		¥85000. 00
价税合计（大写）	⊗伍拾捌万伍仟圆整				（小写） ¥585000. 00		
销货单位	名　　称：上海三立电梯有限公司 纳税人识别号：330101087544010 地 址 、电 话：上海市古北路 507 号 021 －64300589 开户行及账号：中行上海古北支行 021166800			备注			

第一联：发票联 购货方扣税凭证

收款人： 复核：赵 敏 开票人：马 龙 销货单位：（章）

（印章：上海三立电梯有限公司 330101087544010 发票专用章）

图 2－20

上海增值税专用发票

发 票 联

4400081140　　　　NO：022719763

开票日期：2014 年 03 月 15 日

购货单位	名　　称：广东宏达有限责任公司 纳税人识别号：440101044534542 地 址 、电 话：广州市东华南路 86 号 85616008 开户行及账号：建行广州白云支行 4512226006			密码区	70359 < ∗8263 +8 ∗5828　加密版本:01 394 < <79483 ∗7386487　3400044792 92 + +879 −4792 −54 < <6　02168932 849 < > ∗6743		
货物或应税劳务名称	规格型号	单位	数量	单价	金额	税率	税额
电梯		部	1	50000	500000.00	17%	85000.00
合　　计					¥500000.00		¥85000.00
价税合计（大写）	⊗伍拾捌万伍仟圆整　（小写）　¥585000.00						
销货单位	名　　称：上海三立电梯有限公司 纳税人识别号：330101087544010 地 址 、电 话：上海市古北路 507 号 021 −64300589 开户行及账号：中行上海古北支行 021166800			备注			

第三联：抵扣联　购货方扣税凭证

收款人：　　复核：赵　敏　　开票人：马　龙　　销货单位：（章）

图 2－21

固定资产验收单（会计联）

2014 年 03 月 15 日　　编号 09

使用部门	资产名称	单位	数量	购（造）价	原始价值
生产车间	电梯	部	1	500000.00	500000.00
预计使用年限	15 年	净残值率：10%		折旧方法：平均年限法	
资产编号	234	规格	载货电梯	年折旧额	
备注					

部门经理：罗正平　　验收：王　琳　　复核：张　欣　　制单：王　琳

图 2－22

中国建设银行　电汇凭证（回单）　　第204号

委托日期：2014年03月15日　　应解汇款编号

<table>
<tr><td rowspan="3">汇款人</td><td>全称</td><td>广东宏达有限责任公司</td><td rowspan="3">收款人</td><td>全称</td><td colspan="10">上海三立电梯有限公司</td></tr>
<tr><td>账号</td><td>4512226006</td><td>账号</td><td colspan="10">021166800</td></tr>
<tr><td>汇出地点</td><td>广东省广州市</td><td>汇入地点</td><td colspan="10">上海市</td></tr>
<tr><td colspan="2">汇出行名称</td><td>建行广州白云支行</td><td colspan="2">汇入行名称</td><td colspan="10">中行上海古北支行</td></tr>
<tr><td rowspan="2">金额</td><td rowspan="2">人民币（大写）</td><td colspan="3" rowspan="2">伍拾捌万伍仟圆整</td><td>千</td><td>百</td><td>十</td><td>万</td><td>千</td><td>百</td><td>十</td><td>元</td><td>角</td><td>分</td></tr>
<tr><td></td><td>¥</td><td>5</td><td>8</td><td>5</td><td>0</td><td>0</td><td>0</td><td>0</td><td>0</td></tr>
<tr><td colspan="3">汇款用途：预付购买B材料购货款</td><td colspan="12">留行待取预留
收款人印鉴</td></tr>
<tr><td colspan="3">款项已收入收款人账户

汇入行盖章
2014年3月15日</td><td colspan="2">款项已收妥

收款人盖章
2014年3月15日</td><td colspan="10">账户（借）________
对方账户（贷）________
汇入行解汇日期2014年3月15日
复核×××　　出纳××
记账×××</td></tr>
</table>

此联为给收款人的回单

图2-23

业务岗位：出纳、财产物资会计。

工作流程：

（1）出纳根据审批后的付款申请填写电汇单，并经财务经理及总账会计盖章后到银行办理汇款。

（2）设备管理员验收设备并填写验收单。

（3）财产物资会计根据增值税专用发票及电汇回单、验收单编制记账凭证。

业务活动指导：

步骤1：审核原始凭证。

步骤2：根据审核无误的原始凭证编制记账凭证（凭证号：记字第043号）。

记 账 凭 证

记字第 043 号

2014 年 03 月 15 日

摘要	总账科目	明细科目	借方金额											贷方金额											√
			亿	千	百	十	万	千	百	十	元	角	分	亿	千	百	十	万	千	百	十	元	角	分	
购入生产用电梯	在建工程					5	8	5	0	0	0	0	0												□
	银行存款																5	8	5	0	0	0	0	0	□
																									□
																									□
																									□
合计					¥	5	8	5	0	0	0	0	0			¥	5	8	5	0	0	0	0	0	□

附单据 3 张

会计主管： 记账： 出纳： 复核： 制单：刘芳

图 2－24

【技能实训】

（1）蓝天贸易有限公司 2014 年 3 月 6 日，购入一台不需要安装的生产设备，并交付车间使用，款项已通过转账支付。

广东增值税专用发票

4400081234　　　　发 票 联　　　　NO：022719668

开票日期：2014 年 03 月 06 日

购货单位	名称：蓝天贸易有限公司 纳税人识别号：44010319066888A 地址、电话：广州市南江路 86 号 81116668 开户行及账号：建行广州白云支行 02112288					密码区	70359 < * 8263 + 8 * 5828　加密版本:01 394 < < 79483 * 7386487　3400044792 92 + + 879 - 4792 - 54 < < 6　02168932 849 < > * 6743	
货物或应税劳务名称	规格型号	单位	数量	单价	金额		税率	税额
A 生产设备		台	1	100000	100000. 00		17%	17000. 00
合计					¥100000. 00			¥17000. 00
价税合计（大写）	⊗壹拾壹万柒仟圆整				（小写）		¥117000. 00	
销货单位	名称：广州市大地有限公司 纳税人识别号：44010319012345A 地址、电话：广州市越秀路 98 号 87366888 开户行及账号：中行广州越秀路支行 02116688					备注	广州市大地有限公司 44010319012345A 发票专用章	

第二联：发票联 购货方记账凭证

收款人： 复核：赵 华 开票人：林 莉 销货单位：

图 2－25

中国建设银行
支票存根
9876543
21012

附加信息

出票日期2014 年 3 月 6 日

收 款 人：	广州市大地有限公司
金　　额：	￥117000.00
用　　途：	货款

单位主管　　会计 张新

图 2－26

公路、运河货物运输业统一发票

3100114760　　NO：87654321

此联不作报销　扣税凭证使用　　开票日期2014 年03 月06 日

<table>
<tr><td>承运人及纳税人识别号</td><td colspan="5">广州市白云运输有限公司
440012345687979</td><td rowspan="2">密码区</td><td colspan="3" rowspan="2">（略）</td></tr>
<tr><td>实际受票方及纳税人识别号</td><td colspan="5">广州市大地有限公司
44010319012345A</td></tr>
<tr><td>收货人及纳税人识别号</td><td colspan="5">蓝天贸易有限公司
44010319066888</td><td colspan="2">发货人及纳税人识别号</td><td colspan="2">广州市大地有限公司
44010319012345A</td></tr>
<tr><td>起运地、经由、到达地</td><td colspan="9"></td></tr>
<tr><td>费用项目及金额</td><td colspan="5">费用项目　金额
运费　1800 元</td><td>运输货物信息</td><td colspan="3">A 生产设备</td></tr>
<tr><td>合计金额</td><td>￥1998.00</td><td>税率</td><td>11%</td><td>税额</td><td>￥198.00</td><td>机器编号</td><td colspan="3">略</td></tr>
<tr><td>价税合计（大写）</td><td colspan="9">⊗壹仟玖佰玖拾捌圆整　（小写）￥1998.00</td></tr>
<tr><td>车种车号</td><td colspan="2"></td><td>车船吨位</td><td></td><td rowspan="2">备注</td><td colspan="4" rowspan="2">广州市白云运输有限公司 440012345687979 发票专用章</td></tr>
<tr><td>主管税务机关及代码</td><td colspan="4">广州市地方税务局</td></tr>
</table>

收款人：　　复核人：　　开票人：马华　　承运人：（章）

国税函［××××］×××号上海印钞有限公司

第一联：记账联　承运人记账凭证

图 2－27

中国建设银行 支票存根 9876543 21013
附加信息
出票日期2014年3月6日
收款人：广州市白云运输有限公司
金　　额：￥1998.00
用　　途：运费
单位主管　　　会计 张新

图2－28

固定资产验收单

2014年03月06日　　　　编号012

名称	规格型号	来源	数量	购（造）价	使用年限	预计残值
A生产设备		购入	1	101602.00	10	3000
安装费	月折旧率	建造单位		交工日期	附件	
				年　月　日		
验收部门	王亮	管理部门		李思	管理人员	张刚
备注	不需要安装					

图2－29

（2）蓝天贸易有限公司2014年3月份自行建造一座建筑物，发生如下经济业务：

①2014年3月2日购入工程物资一批，款项已转账支付。

<table>
<tr><td colspan="9">4400056782　　　广东增值税专用发票
发　票　联　　　NO：80320013
开票日期：2014 年 03 月 02 日</td></tr>
<tr><td>购货单位</td><td colspan="4">名　　　称：蓝天贸易有限公司
纳税人识别号：44010319066888A
地 址 、电 话：广州市南江路 86 号 81116668
开户行及账号：建行广州白云支行 02112288</td><td>密码区</td><td colspan="3">70359 < ＊8263 +8＊5828　加密版本:01
394 < <79483＊7386487　3400044792
92 + +879 −4792 −54 < <6　02168932
849 < > ＊6743</td></tr>
<tr><td colspan="2">货物或应税劳务名称</td><td>规格型号</td><td>单位</td><td>数量</td><td>单价</td><td>金额</td><td>税率</td><td>税额</td></tr>
<tr><td colspan="2">C 建筑材料</td><td></td><td>件</td><td>200</td><td>1000</td><td>200000. 00</td><td>17%</td><td>34000. 00</td></tr>
<tr><td colspan="2">合　　计</td><td></td><td></td><td></td><td></td><td>￥200000. 00</td><td></td><td>￥34000. 00</td></tr>
<tr><td colspan="2">价税合计（大写）</td><td colspan="7">⊗贰拾叁万肆仟圆整　　　（小写）　￥234000. 00</td></tr>
<tr><td>销货单位</td><td colspan="4">名　　　称：广州建安公司
纳税人识别号：440100965654343
地 址 、电 话：广州市东华南路 188 号 85656834
开户行及账号：农行广州东华南路支行 76365534</td><td>备注</td><td colspan="3">广州建安公司 440100965654343 发票专用章</td></tr>
</table>

收款人：　　　　复核：　　　　开票人：刘　华　　　　销货单位：

第二联：发票联　购货方记账凭证

图 2－30

入库单（财会联）

NO：332

供货单位：广州建安公司　　　　2014 年 03 月 02 日

材料名称及规格	单位	数量		实际价格		计划价格		价格差异
		交库	实收	单价	金额	单价	金额	
C 建筑材料	件	200	200	1170. 00	234000. 00			
合　计					234000. 00			

财务主管：王亮　　记账：张新　　保管部门：　　　验收：李文　　单位部门：　　缴库：

图 2－31

中国建设银行
支票存根
123456789
12345

附加信息

出票日期2014年3月2日

收 款 人：	广州建安公司
金 额：	￥234000.00
用 途：	货款

单位主管　　会计 张新

图 2－32

②2014年3月4日全部领用2日购入的工程物资。

出　库　单（财会联）

领料单位　工程部门　　　　凭证编号＿＿＿＿
用　　途　工程领用　　2014年03月04日　　发料仓库＿＿＿＿

名称及规格	单位	数量		单价（元）	金额（元）	备注
		请领	实发			
C建筑材料	件	200	200	1170.00	￥234000.00	
合计					￥234000.00	

会计：张新　记账：张新　保管：王敏　发料：李文　领料：王一梅

图 2－33

③2014 年 3 月 6 日领用原材料一批。

领　料　单（财会联）

领料单位　工程部门　　　　　　　　　　　　　　　　　　　　凭证编号______
用　　途　工程领用　　　　　　2014 年 03 月 06 日　　　　　发料仓库______

材料			单位	数量		成本											材料账页
编号	名称	规格		请领	实发	单价	总价										
	A材料		千	1000	1000	10	百	十	万	千	百	十	元	角	分		
									1	0	0	0	0	0	0		
								¥	1	0	0	0	0	0	0		

会计：张新　　记账：张新　　保管：王敏　　发料：李文　　领料：王一梅

图 2－34

④31 日结算工程人员的工资共 29 690 元。

蓝天贸易有限公司 2014 年工程人员工资单　　　　月份：3 月

姓名	基本工资	津贴	奖金	应发工资	扣款			本月实发	签名
					所得税	保险	其他		
王　明	1500	150	700	2350		30	20	2300	
杜　华	1500	150	700	2350		30	20	2300	
吉向荣	1500	150	700	2350		30	20	2300	
陆亦华	1500	150	700	2350		30	20	2300	
徐　玥	1500	150	700	2350		30	20	2300	
张　燕	1400	100	600	2100		25	15	2060	
马　伟	1400	100	600	2100		25	15	2060	
黄　磊	1400	100	600	2100		25	15	2060	
陈　刚	1400	100	600	2100		25	15	2060	
徐晓枫	1400	100	600	2100		25	15	2060	
殷　洁	1400	100	600	2100		25	15	2060	
林　丹	1200	80	500	1780		25	15	1740	
沈嘉伟	1200	80	500	1780		25	15	1740	
毛志英	1200	80	500	1780		25	15	1740	
合计	19500	1590	8600	29690		375	235	29080	

会计：张新　　　　　　　　　　　　　　　　　　　　　　审核：毛小凡

图 2－35

⑤2014 年 3 月 31 日工程完工经验收合格交付使用。

固定资产验收单

2014 年 03 月 31 日　　　　编号 15

名称	规格型号	来源	数量	购（造）价	使用年限	预计残值
建筑物		自营基建	1	275390	20	10000
安装费	月折旧率	建造单位		交工日期	附件	
				2013 年 3 月 31 日	竣工验收书	
验收部门	马介	管理部门		刘宏	管理人员	张娜
备注						

图 2－36

（3）2014 年 3 月 31 日一台设备使用期满，决定予以报废，清理过程中以银行存款支付清理费用 4 000 元，残料销售收入 6 000 元已存入银行。

固定资产报废单

2013 年 03 月 31 日　　　　凭证编号：24

固定资产名称及编号	规格型号	单位	数量	购买日期	已计提折旧月数	原始价值	已提折旧	备注
设备		台	1			150000. 00	140000. 00	
固定资产状况及报废原因	使用期满报废							
处理意见	使用部门		技术鉴定小组			固定资产管理部门		主管部门审批
	张伟		王小明			黄林		刘刚

图 2－37

中国建设银行

支票存根

123456789

321045

附加信息______________________

出票日期 2014 年 3 月 31 日

收 款 人：	广州达能废品厂
金 额：	¥4000.00
用 途：	清理费用

单位主管　　　会计 张新

图 2－38

银行进账单（收账通知）　　　1

2014 年 03 月 31 日　　　YT10975503

<table>
<tr><td rowspan="3">付款人</td><td>全　称</td><td colspan="4">广州达能废品厂</td><td rowspan="3">收款人</td><td>全　称</td><td colspan="11">蓝天贸易有限公司</td></tr>
<tr><td>账　号</td><td colspan="4">8873232</td><td>账　号</td><td colspan="11">02112288</td></tr>
<tr><td>开户银行</td><td colspan="4">农行广州白云路支行</td><td>开户银行</td><td colspan="11">建行广州白云支行</td></tr>
<tr><td rowspan="2">金额</td><td colspan="7" rowspan="2">人民币（大写）：陆仟圆整</td><td>亿</td><td>千</td><td>百</td><td>十</td><td>万</td><td>千</td><td>百</td><td>十</td><td>元</td><td>角</td><td>分</td></tr>
<tr><td></td><td></td><td></td><td></td><td>¥</td><td>6</td><td>0</td><td>0</td><td>0</td><td>0</td><td>0</td></tr>
<tr><td colspan="2">票据种类</td><td>支票</td><td>票据张数</td><td colspan="4">壹</td><td colspan="11" rowspan="3">开户银行盖章（略）</td></tr>
<tr><td colspan="2">票据号码</td><td colspan="6">XIV6782</td></tr>
<tr><td colspan="8">复核　　　　　记账</td></tr>
</table>

此联是收款人开户银行交给收款人的收款凭证

图 2－39

（4）2014 年 3 月 31 日计提本月固定资产折旧。

固定资产折旧计算表

2014 年 03 月 31 日

代码	名称	类别	使用部门	原值	月折旧率（%）	月折旧额
CK－01	仓库	房屋及建筑物	仓储部	200000	0.16	
BG－01	办公楼	房屋及建筑物	行政事务部	600000	0.18	
QC－01	汽车	交通运输工具	销售部	80000	0.8	
DN－01	电脑	办公设备	财务部	5000	1.6	
FY－01	复印机	办公设备	行政事务部	30000	0.8	

预计净残值率均为 5%。

图 2－40

模块三　往来核算岗位实训

【知识目标】

1. 掌握往来核算岗位的核算任务与业务流程。

2. 熟悉应收票据、应收账款、其他应收款、预付账款、应付票据、应付账款、其他应付款和预收账款的核算方法。

3. 掌握坏账准备的确认与处理方法。

【技能目标】

1. 能正确处理企业的应收款项、预付款项、应付款项和预收款项等业务。

2. 能根据有关资料登记总账和明细账。

项目1　与购货方（销售方）往来业务的核算

一、往来业务核算

（一）应收账款

应收账款应按照实际发生的金额入账，包括销售商品、产品、提供劳务应收取的货款、增值税以及代购货单位垫付的包装费、运杂费等。企业对应收账款计价时，还需要考虑商业折扣和现金折扣等因素的影响。

1. 商业折扣

商业折扣是指企业为促进商品销售而在商品标价上给予的价格扣除。商业折扣在销售时即已发生，并不构成最终成交价格的一部分。企业销售商品涉及商业折扣的，应当按照扣除商业折扣后的金额确定商品销售收入和应收账款。

2. 现金折扣

现金折扣是指债权人为鼓励债务人在规定的期限内付款而向债务人提供的债务扣除。

现金折扣发生在销售商品之后，现金折扣是否会发生以及发生多少要视买方的付款情况而定。因此，企业应当按总价法（不扣除现金折扣金额）确定商品销售收入和应收账款的金额。待现金折扣实际发生时再将折扣金额计入当期财务费用。

（二）应收票据

应收票据是指企业因销售商品、提供劳务等经济活动而收到的商业汇票。企业持有的商业汇票按承兑人的不同，分为商业承兑汇票和银行承兑汇票；按是否计息分为不带息商业汇票和带息商业汇票。

按现行制度规定，企业收到对方承兑的商业汇票，无论是否带息，均按应收票据的票面价值入账。对于带息票据，应于期末按票据的票面价值和确定的利率计提利息，计提的利息增加应收票据的账面价值，同时计入当期损益。企业一般应于中期期末和年度终了（也可以按月）计提票据利息，冲减“财务费用”的同时增加“应收票据”的账面价值。

应收票据利息＝票据面值×利率×期限

需要设置“应收票据备查簿”，逐笔登记商业汇票的种类、号数和出票日、票面金额、交易合同号和付款人、承兑人、背书人的姓名或单位名称、到期日、背书转让日、贴现日、贴现率和贴现净额、未计提利息以及收款日期和收回金额、退票情况等资料。商业汇票到期结清票款或退票后，在备查簿中应予注销。

（三）应付账款

应付账款是指企业因购买材料、商品和接受劳务供应等而发生的债务。应付账款在企业取得所购材料、商品等的所有权和已接受劳务供应时确认。

（四）预收账款

预收账款是指企业按照合同规定，向购货方或劳务接受方预先收取的款项。预收账款是科目核算企业按照合同规定或交易双方之约定，而向购买单位或接受劳务的单位在未发出商品或提供劳务时预收的款项。

交易是有风险的，特别是在首次与不熟悉的客户进行交易或认为客户的信用状况不佳，存在拒付风险的交易事项时，企业往往采取先款后货的交易方式，先款后货通常有几种方式：一是全额先款后货，即通常的收多少钱，发多少货；二是先预收一定比例的款项，收到头款后发货，待客户收到货后再收尾款或依其他约定方式收款。预收账款情况不多的，也可以不设置本科目，将预收的款项直接记入“应收账款”科目。

【案例导入】

2014 年 3 月 11 日，蓝天贸易有限公司采购 C 材料，款未付。请根据背景资料编制记账凭证（凭证号：记字第 016 号）。

入库单（财会联）

发票号码：801406005　　NO：208

供货单位：南华实业有限公司　　2014 年 03 月 11 日　　验收仓库：材料库

材料名称及规格	单位	数量		实际价格		计划价格		价格差异
		交库	实收	单价	金额	单价	金额	
甲材料	吨	10	10	10000.00	100000.00			
合　计					¥100000.00			

财务：　　记账：张新　　保管部门：　　验收：李文　　单位部门：　　缴库：王亮

图 3－1

广东增值税专用发票

发　票　联

4400058643　　NO：801406005

开票日期：2014 年 03 月 11 日

购货单位	名　称：蓝天贸易有限公司 纳税人识别号：44010319066888A 地 址 、电 话：广州市南江路 86 号 81116668 开户行及账号：建行广州白云支行 02112288				密码区	70359 < *8263 +8 *5828　加密版本:01 394 < <79483 *7386487　3400044792 92 + +879 -4792 -54 < <6　02168932 849 < > *6743	
货物或应税劳务名称	规格型号	单位	数量	单价	金额	税率	税额
C 材料		吨	10	10000.00	100000.00	17%	17000.00
合　计					¥100000.00		¥17000.00
价税合计（大写）	⊗壹拾壹万柒仟圆整			（小写）　¥117000.00			
销货单位	名　称：南华实业有限公司 纳税人识别号：44010087543368 地 址 、电 话：佛山市禅城区仁达大厦 568 号 86456881 开户行及账号：中行佛山禅城支行 6664323				备注		

第二联：发票联　购货方记账凭证

收款人：　　复核：　　开票人：王琳琳　　销货单位：（章）

图 3－2

业务岗位：采购人员、仓储人员、往来核算、财产物资会计。

工作流程：

（1）采购部门将采购合同复印件、发票给财务部门。

（2）仓库保管员将材料验收入库并填写入库单。

（3）往来会计审核原始凭证，填制记账凭证，登记应付账款明细账；存货会计登记原材料明细账。

业务活动指导：

步骤1：审核原始凭证。

步骤2：根据审核无误的原始凭证编制记账凭证（凭证号：记字第016号）。

记 账 凭 证

记字第016号

2014年03月11日

摘要	总账科目	明细科目	借方金额（亿千百十万千百十元角分）	贷方金额（亿千百十万千百十元角分）	√
原材料，款未付	原材料	C材料	10000000		□
	应交税费	应交增值税（进项税额）	1700000		□
	应付账款	南华实业有限公司		11700000	□
					□
					□
					□
合计			¥11700000	¥11700000	□

附单据2张

会计主管：　　记账：　　出纳：　　复核：　　制单：王芸

图3－3

步骤3：审核记账凭证，复核签章。

步骤4：登记应付账款明细账。

分页 2 总页 20

应付账款明细账

一级科目：应付账款　　　　二级科目：南华实业有限公司

2014年		凭证		摘要	日页	借方											贷方											借或贷	余额										
月	日	种类	号数			亿	千	百	十	万	千	百	十	元	角	分	亿	千	百	十	万	千	百	十	元	角	分		亿	千	百	十	万	千	百	十	元	角	分
03	01			承前页																								平									0	0	0
	11	记	016	购入C材料															1	1	7	0	0	0	0	0		贷			1	1	7	0	0	0	0	0	

图3－4

【技能实训】

蓝天贸易有限公司2014年3月发生如下经济业务：

（1）2014年3月1日销售一批商品，收到购买方开出的一张商业承兑汇票。

广东增值税专用发票

发 票 联

4400058643　　　　NO：80140558

开票日期：2014 年 03 月 01 日

购货单位	名　称：大成贸易有限公司 纳税人识别号：440100987654321 地 址 、电 话：广州市中山路 8 号 83656561 开户行及账号：工行中山路支行 66366636				密码区	70359 < ＊8263 +8 ＊5828　加密版本:01 394 < <79483 ＊7386487　3400044792 92 + +879 −4792 −54 < <6　02168932 849 < > ＊6743	
货物或应税劳务名称	规格型号	单位	数量	单价	金额	税率	税额
甲产品		件	1500	160	240000.00	17%	40800.00
合　计					¥240000.00		¥40800.00
价税合计（大写）	⊗贰拾捌万零捌佰圆整　（小写）¥280800.00						
销货单位	名　称：蓝天贸易有限公司 纳税人识别号：44010319066888A 地 址 、电 话：广州市南江路 86 号 81116668 开户行及账号：建行广州白云支行 02112288				备注	蓝天贸易有限公司 44010319066888A 发票专用章	

收款人：　　复核：李 天　　开票人：张 华　　销货单位：

第三联：记账联　销货方记账凭证

图 3－5

商业承兑汇票

2

出票日期（大写）：贰零壹肆年叁月零壹日　　第 8 号

付款人	全　称	大成贸易有限公司	收款人	全　称	蓝天贸易有限公司
	账　号	66366636		账　号	02112288
	开户银行	工行中山路支行		开户银行	建行广州白云支行
出票金额		人民币（大写）贰拾捌万零捌佰圆整	百 十 万 千 百 十 元 角 分		¥ 2 8 0 8 0 0 0 0
汇票到期日（大写）		贰零壹肆年伍月零壹日	付款人开户行	行号	65
交易合同号码		20140301		地址	广州市中山路
本汇票经承兑到期无条件付款 张大华 承兑人签章 承兑日期 2014 年 3 月 1 日			本汇票予以承兑于到期日付款		

图 3－6

（2）2014 年 3 月 13 日从江宁贸易有限公司购入材料一批，款未付。

广东增值税专用发票
发 票 联

4400058643　　　　NO：80140559

开票日期：2014 年 03 月 13 日

购货单位	名　　　称：蓝天贸易有限公司 纳税人识别号：44010319066888A 地 址 、电 话：广州市南江路 86 号 81116668 开户行及账号：建行广州白云支行 02112288				密码区	70359 < ∗8263 +8 ∗5828　加密版本:01 394 < <79483 ∗7386487　3400044792 92 + +879 −4792 −54 < <6　02168932 849 < > ∗6743	
货物或应税劳务名称	规格型号	单位	数量	单价	金额	税率	税额
甲材料		千克	2500	138	345000. 00	17%	58650. 00
合　　计					¥345000. 00		¥58650. 00
价税合计（大写）	⊗肆拾万零叁仟陆佰伍拾圆整				（小写）	¥403650. 00	
销货单位	名　　　称：江宁贸易有限公司 纳税人识别号：440100987654321 地 址 、电 话：广州市中山一路 8 号 85656861 开户行及账号：建行广州中山路支行 88366634				备注	江宁贸易有限公司 440100987654321 发票专用章	

第一联：发票联　购货方记账凭证

收款人：　　　复核：　　　开票人：张　华　　　销货单位：

图 3 －7

入库单（财会联）

NO：202

供货单位：江宁贸易有限公司　　　　2014 年 03 月 13 日

材料名称及规格	单位	数量		实际价格		计划价格		价格差异
		交库	实收	单价	金额	单价	金额	
甲材料	千克	2500	2500	138	345000. 00			
合　　计					345000. 00			

财务：　　记账：张新　　保管部门：　　验收：李文　　单位部门：　　缴库：王亮

图 3 －8

（3）2014 年 3 月 16 日收到天一公司的预付货款。

银行进账单（收账通知） 1

2014 年 03 月 16 日 YT10979903

付款人	全　称	天一公司			收款人	全　称	蓝天贸易有限公司								
	账　号	7963254				账　号	02112288								
	开户银行	农行广州北京路支行				开户银行	建行广州白云支行								
金额	人民币（大写）：贰拾万圆整				亿	千	百	十	万	千	百	十	元	角	分
							¥	2	0	0	0	0	0	0	0
票据种类	支票	票据张数	壹		开户银行盖章（略）										
票据号码	XIV8032														
复核		记账													

此联是收款人开户银行交给收款人的收款凭证

图 3－9

（4）2014 年 3 月 20 日收到前欠货款 129 090 元。

托收凭证（汇款依据或收账通知）

委托日期：2014 年 03 月 18 日

付款期限 2014 年 03 月 20 日

业务类型		委托收款（□邮划、□电划）						托收承付（□邮划、□电划）							
收款人	全　称	广东宏达责任有限公司			收款人	全　称	蓝天贸易有限公司								
	账　号	2860834727				账　号	02112288								
	地　址	佛山市	开户行	工行佛山支行		地　址	广州市	开户行	建行广州白云支行						
金额	人民币（大写）：壹拾贰万玖仟零玖拾元整				亿	千	百	十	万	千	百	十	元	角	分
							¥	1	2	9	0	9	0	0	0
款项内容	销货款	托收凭据名称		销售发票		附寄单据张数		1 张							
商品发运情况				合同名称号码											
备注：验货付款 复核　　　记账				上列款项已划回收入你方账户内 收款人开户行签章（略） 2014 年 3 月 20 日											

注：此联付款人开户银行凭已汇款或收款人开户银行作收账通知。

图 3－10

（5）2014 年 3 月 24 日销售商品一批，款未收到。

广东增值税专用发票

发 票 联

4400058643　　　　NO：80140558

开票日期：2014 年 03 月 24 日

购货单位	名　称：大华商场 纳税人识别号：440100923144322 地 址 、电 话：广州市东川路 368 号 83647561 开户行及账号：工行广州东川路支行 66366636				密码区	70359 < ＊8263 +8 ＊5828　加密版本:01 394 < <79483 ＊7386487　3400044792 92 + +879 −4792 −54 < <6　02168932 849 < > ＊6743	
货物或应税劳务名称	规格型号	单位	数量	单价	金额	税率	税额
甲产品		件	3000	60	180000.00	17%	30600.00
合　计					￥180000.00		￥30600.00
价税合计（大写）	⊗贰拾壹万零陆佰圆整				（小写）￥210600.00		
销货单位	名　称：蓝天贸易有限公司 纳税人识别号：44010319066888A 地 址 、电 话：广州市南江路 86 号 81116668 开户行及账号：建行广州白云支行 02112288				备注		

第三联：记账联　销货方记账凭证

收款人：　　复核：李　天　　开票人：张　华　　销货单位：（章）

图 3－11

（6）2014 年 3 月 25 日，因大华公司撤销而转销无法支付的应付账款 1 800 元。

转销应付账款通知

我单位原欠大华公司货款：人民币壹仟捌佰元整（￥1800.00），因大华公司已经撤销，债务无法偿还，批准确认该货款无法支付，予以转销。

总经理：李　宇　　　　会计主管：刘　星

2014 年 3 月 25 日

图 3－12

（7）2014 年 3 月 30 日以转账支票支付 2014 年 3 月 13 日购货款。

中国建设银行

支票存根

987654321

012345

附加信息

出票日期 2014 年 3 月 30 日

收 款 人：	江宁贸易有限公司
金　　额：	¥403650. 00
用　　途：	货款

单位主管　　　会计 张新

图 3－13

（8）2014 年 3 月 30 日，按 0. 5% 计提坏账准备。

总分类账

分页：10　总页：25

科目：应收账款

2014年		凭证		摘要	借方											贷方											借或贷	余额											√
月	日	字	号		亿	千	百	十	万	千	百	十	元	角	分	亿	千	百	十	万	千	百	十	元	角	分		亿	千	百	十	万	千	百	十	元	角	分	
02	28			承前页																							平									0	0	0	□
03	30	科汇		本月应收账款汇总				5	3	0	0	0	0	0	0												借				5	3	0	0	0	0	0	0	□
				本月合计			¥	5	3	0	0	0	0	0	0												借			¥	5	3	0	0	0	0	0	0	□
																																							□
																																							□
																																							□
																																							□
																																							□
																																							□
																																							□
																																							□

图 3－14

总分类账

分页：13　总页：25

科目：坏账准备

2014年		凭证		摘要	借方											贷方											借或贷	余额											√
月	日	字	号		亿	千	百	十	万	千	百	十	元	角	分	亿	千	百	十	万	千	百	十	元	角	分		亿	千	百	十	万	千	百	十	元	角	分	
02	28			承前页																							平									0	0	0	☐
																																							☐
																																							☐
																																							☐
																																							☐
																																							☐
																																							☐
																																							☐
																																							☐
																																							☐
																																							☐

图 3－15

要求：请根据以上业务及相应的凭证作出账务处理。

项目 2　其他往来款项的核算

一、其他应收款

其他应收款是企业应收款项的另一重要组成部分，是企业除应收票据、应收账款和预付账款以外的各种应收暂付款项。其他应收款通常包括暂付款，是指企业在商品交易业务以外发生的各种应收、暂付款项。主要包括：

（1）应收的各种赔款、罚款。

（2）应收出租包装物租金。

（3）应向职工收取的各种垫付款项。

（4）备用金（向企业各职能科室、车间等拨出的备用金）。

（5）存出保证金，如租入包装物支付的押金。

（6）预付账款转入。

（7）其他各种应收、暂付款项。

二、其他应付款

其他应付款指企业应付、暂收其他单位或个人的款项，如应付租入固定资产和包装物的租金，存入保证金、职工未按期领取的工资，应付、暂收所属单位、个人的款项等。

其他应付款的内容：

（1）应付经营租入固定资产和包装物租金。

（2）职工未按期领取的工资。

（3）存入保证金（如收入包装物押金等）。

（4）应付、暂收所属单位、个人的款项。

（5）其他应付、暂收款项。

【案例导入】

2014 年 3 月 2 日，蓝天贸易有限公司收到光明公司包装物押金 632 元。请根据背景资料编制记账凭证（凭证号：记字第 005 号）。

收　据

2014 年 03 月 02 日　　　　N O：2014054

今收到　光明公司包装物押金

现金收讫

金额（大写）零 拾 零 万 零 仟 陆 佰 叁 拾 贰 元 零 角 零 分（¥ 632.00）

第三联　记账联

蓝天贸易有限公司
44010319066888A
发票专用章

会计主管：张南天　　复核：赵华　　收款人：付新　　单位盖章：

图 3－16

业务活动指导：

步骤 1：审核原始凭证。

步骤 2：根据审核无误的原始凭证编制记账凭证（凭证号：记字第 005 号）。

记 账 凭 证

记字第005号

2014年03月02日

摘要	总账科目	明细科目	借方金额											贷方金额											√
			亿	千	百	十	万	千	百	十	元	角	分	亿	千	百	十	万	千	百	十	元	角	分	
收取包装物押金	库存现金								6	3	2	0	0												□
	其他应付款	光明公司																		6	3	2	0	0	□
																									□
																									□
																									□
																									□
合计								¥	6	3	2	0	0						¥	6	3	2	0	0	□

附单据1张

会计主管： 记账： 出纳： 复核： 制单：王芸

图3－17

步骤3：审核记账凭证，复核签章。

步骤4：登记其他应付款明细账。

【技能实训】

（1）2014年3月7日，职工陈锐出差，预借差旅费3 000元。请填制借款单，根据借款单作相应账务处理。

借 款 单

年 月 日

借款人姓名		借款金额 万 仟 佰 拾 元 角 分	
借款事由		主管审批意见	年 月 日
还款计划			批准金额：

签收：

图3－18

（2）2014 年 3 月 10 日退还三星公司包装物押金 1 800 元。

中国建设银行
支票存根
876543210
67890

附加信息

出票日期 2014 年 3 月 10 日

收 款 人：	三星公司
金　　额：	¥1800.00
用　　途：	押金

单位主管　　　会计 张新

图 3－19

（3）2014 年 3 月 12 日陈锐出差回来，报销差旅费 2 800 元。

蓝天公司差旅费报销单

附单据 18 张（另贴）　　　　2014 年 03 月 12 日

摘要	金额									单位领导批示：
	百	十	万	千	百	十	元	角	分	
预借款数额				3	0	0	0	0	0	同意报销。
各项支出	金额									李平
	百	十	万	千	百	十	元	角	分	2014 年 3 月 13 日
1. 车船费（火车票、汽车票、飞机票等）				1	3	2	5	0	0	审核意见：
2. 交通费（市内）（1 人 3 天）					2	1	5	0	0	同意。
3. 房租费（1 人 3 天）				1	0	8	0	0	0	赵明
4. 补助费（每天 30 元）					1	8	0	0	0	2014 年 3 月 13 日
5. 杂支										部门意见：
6. 房租奖励补贴（　　人　　天）										同意。 王刚
合　　计			¥	2	8	0	0	0	0	2014 年 3 月 13 日
各项支出合计（大写）　零万贰仟捌佰零拾零元零角零分										报销人： 陈锐 2014 年 3 月 12 日

图 3－20

收 据

2014年03月13日　　　　NO：123386

今收到 陈锐交来差旅费余款　　现金收讫

金额（大写） 零 拾 零 万 零 仟 贰 佰 零 拾 零 元 零 角 零 分（¥ 200.00 ）

第三联 记账

蓝天贸易有限公司 440103190668888A 发票专用章

单位盖章　　　　经手人签章 陈锐

负责人：　　会计：张新　　出纳：陈丽　　记账：

图3－21

模块四　薪酬核算岗位实训

【知识目标】

1. 薪酬核算岗位会计岗位职责和工作内容。
2. 职工薪酬项目构成及核算的方法。
3. 职工薪酬业务核算的主要账务处理。
4. 薪酬费用分配的核算。

【技能目标】

1. 熟悉职工薪酬的核算内容。
2. 掌握应付薪酬、“五险一金”及个税等职工薪酬项目的计算方法。
3. 熟练掌握职工薪酬费用分配及账务处理。
4. 具备良好的职业意识和专业习惯，自觉贯彻执行国家有关职工薪酬方面的政策、法规，履行职责。

项目1　职工薪酬核算内容

一、职工薪酬概述

职工薪酬是指企业为获得职工提供的服务而支付的各种形式的报酬以及其他相关支出，包括职工在职期间和离职后提供给职工的全部货币性薪酬和非货币性福利。企业提供给职工配偶、子女或其他被赡养人的福利等，也属于职工薪酬。职工薪酬具体包括：职工工资、奖金、津贴和补贴；职工福利费；医疗保险费、养老保险费、失业保险费、工伤保险费和生育保险费等社会保险费；住房公积金；工会经费和职工教育经费；非货币性福利；因解除与职工的劳动关系给予的补偿；其他与获得职工提供的服务相关的支出。

企业应严格遵守国家规定的工资总额组成内容，正确核算工资，区别工资性支出和非工资性支出。凡属于工资总额内的工资性支出，不得漏计；凡不属于工资总额内的非工资性支出（如交通费、医疗费、保育补助费、困难补助等），以及单位根据国务院发布的有关规定颁发给职工的创造发明奖、自然科学奖、科学技术进步奖和企业支付给职工的合理化建议奖、技术改进奖等，不得计入工资。

二、职工薪酬核算岗位的职责

职工薪酬核算岗位是企业单位的重要会计岗位之一。各单位的会计机构可以根据实际情况按照岗位责任制的要求设置职工薪酬会计岗位，若企业职工人数较多，可以配置专门核算人员，也可聘任兼职人员参与相关工作，但必须遵守不相容职务分离的内部控制原则。职工薪酬岗位职责主要有：

（1）监督企业执行有关职工薪酬政策、制度。正确地核算工资基金的使用情况，并会同劳资部门按批准的工资基金计划掌握工资基金和各种奖金的支付。

（2）正确及时地计算和审核发放工资、奖金，依照规定按月计算职工工资、奖金及津贴（包括各种扣款事项）以及离退休人员的离退休金。

（3）按照工资的用途和发生的地点、项目，准确合理地分配工资费用，正确地计算产品成本。

（4）按照会计准则规定，设置“应付职工薪酬”账户，进行职工薪酬的计提（分配）和结算的明细核算，并及时编制有关报表。

（5）按月装订职工薪酬核算资料，妥善保管，并定期整理归档。

【小贴士】

《企业会计准则第 9 号——职工薪酬》取消了“应付工资”、“应付福利费”和核算工会经费的“其他应交款”等会计科目，换成了新会计科目“应付职工薪酬”。

项目 2　职工薪酬项目的计算

职工薪酬项目计算的内容主要包括应付工资、“五险一金”、个人所得税、实发工资、计提工会经费及职工教育经费五个方面的计算。

一、应付工资的计算

职工应付工资的计算应依据工资计算制度标准及有关原始记录进行计算，计算工资的原始记录主要指考勤记录和产量记录。

【案例导入】

2014年3月份蓝天贸易有限公司薪资计算有关规定如下：

（1）应付工资=基本工资+绩效工资+加班工资+计件工资-缺勤扣款（每月按平均法定工作天数21.75天计算，日工资=月基本工资÷21.75）。

（2）加班工资计算：行政人员公休日加班双薪（基本工资÷21.75×200%）；节假日加班3倍薪酬（基本工资÷21.75×300%）；生产人员公休日加班按2倍计件单价，节假日加班按3倍计件单价。

（3）缺勤扣款：病假、事假、旷工扣款系数分别为30%、100%、200%。

（4）生产工人计件单价：计件工资=（合格品数量+料废品数量）×计件单价，其中：甲产品6元/件，乙产品3元/件，由于本人过失造成的不合格产品，按工废品扣款每件2.0系数计算。

（5）绩效考核规定：按岗位级别（总经理及副总经理3 000元，其他人员2 000元）。

（6）该公司3月份基础信息及考勤情况表、产品产量记录统计表如表4-1、表4-2所示。

表4-1　基础信息及考勤情况表

岗位类别	姓名	基本工资	出勤天数	绩效考核	加班天数		缺勤天数		
					双休日	法定假日	病假	事假	旷工
总经理	李　董	4000.00	21	100%					
副总经理	赵　明	3500.00	20	90%	1			1	
财务部	张南天	2000.00	21	100%	1				
财务部	赵　华	1800.00	18	80%		1	2	1	
财务部	付　新	2000.00	19	100%	1	1		2	
采购部	张　华	2000.00	20	100%	2			1	
销售部	李　强	1900.00	21	80%	2				
生产部	丘秋天	1600.00	20	90%	20件（甲）			1	
生产部	章伟国	1000.00	21	100%					
生产部	饶立纲	900.00	17	70%	18件（甲）		3	1	1
生产部	林　静	800.00	19	80%	21件（甲）	9件（乙）	2		
生产部	孙小花	1000.00	18	80%	17件（甲）	10件（乙）	1	2	

表 4 – 2　产品产量记录统计表

车间	姓名	产量记录					
		甲产品			乙产品		
		合格	料废	工废	合格	料废	工废
一车间	丘秋天	210	9	3	260	12	5
一车间	章伟国	220	8	2	230	10	5
二车间	饶立纲	180	8	9	210	9	7
二车间	林　静	210	7	2	240	8	4
二车间	孙小花	160	5	3	180	6	5

要求：计算该公司孙小花 3 月份应付工资。

业务操作：

根据公司的工资核算规定及该职工的 3 月份考勤与产量记录情况计算如下：

日工资 = 1 000 ÷ 21. 75 = 45. 98 元/天

缺勤扣款 = 1 × 45. 98 × 30% + 2 × 45. 98 × 100% = 13. 79 + 91. 96 = 105. 75 元

绩效工资 = 2 000 × 80% = 1 600 元

加班工资 = 2 × 17 × 6 + 3 × 10 × 3 = 294 元

计件工资 = （160 + 5）× 6 + （180 + 6）× 3 – （3 × 6 + 5 × 3）× 2. 0 = 990 + 558 – 66 = 1 482元

应付工资 = 1 000 + 1 600 + 294 + 1 482 – 105. 75 = 4 270. 25 元

【小贴士】

按照现行《劳动法》第五十一条的规定，法定节假日用人单位应当依法支付工资，即折算日工资、小时工资时不剔除国家规定的 11 天法定节假日。据此，日工资、小时工资的折算为：

日工资 = 月工资收入 ÷ 月计薪天数

小时工资 = 月工资收入 ÷ （月计薪天数 × 8 小时）

月计薪天数 = （365 天 – 104 天） ÷ 12 月 = 21. 75 天

【技能实训】

请根据案例导入的有关信息，继续完成表 4 – 3 其他人员的工资计算表的填写。

表 4－3　蓝天贸易有限公司 2014 年 3 月份应付工资计算表

单位：元

序号	部门类别	姓名	基本工资	绩效工资	加班工资	计件工资	缺勤扣款			应付工资
							病假	事假	旷工	
1	总经理	李　董								
2	副总经理	赵　明								
3	财务部	张南天								
4	财务部	赵　华								
5	财务部	付　新								
6	采购部	张　华								
7	销售部	李　强								
8	生产部	丘秋天								
9	生产部	章伟国								
10	生产部	饶立纲								
11	生产部	林　静								
12	生产部	孙小花	1000.00	1600.00	294.00	1482.00	13.79	91.96	0.00	4270.25
合　计										

二、“五险一金”的计算

五险一金，是指用人单位按照劳动法的规定为员工缴纳的几种保障性待遇的合称，具体包括养老保险、医疗保险、失业保险、工伤保险和生育保险，以及住房公积金。五险一金的缴纳额度每个地区的规定都不同，以工资总额为基数。其中养老保险、医疗保险和失业保险由企业和个人共同缴纳保费，工伤保险和生育保险则由企业承担，个人不需要缴纳。

【案例导入】

蓝天贸易有限公司 2014 年的五险一金的缴纳基数和比例如表 4－4 所示。

表 4－4

险种	缴费基数	缴费比例	
		单位	个人
养老保险	上年度月平均工资	18%	8%
医疗保险	上年度月平均工资	7%	2%
失业保险	上年度月平均工资	2%	1%
工伤保险	上年度月平均工资	0.50%	0
生育保险	上年度月平均工资	0.85%	0
住房公积金	上年度月平均工资	12%	12%

该公司2013年度工资收入月平均数如表4－5所示。

表4－5

序号	姓名	2013年度月平均工资	月缴费基数	备注
1	李　董	6230.00	6230.00	
2	赵　明	4861.00	4861.00	
3	张南天	4233.00	4233.00	
4	赵　华	4099.00	4099.00	
5	付　新	3756.00	3756.00	
6	张　华	3668.00	3668.00	
7	李　强	3890.00	3890.00	
8	丘秋天	3651.00	3651.00	
9	章伟国	3836.00	3836.00	
10	饶立纲	3062.00	3062.00	
11	林　静	2698.00	2698.00	
12	孙小花	2556.00	2556.00	

要求：计算该公司孙小花2014年3月份应缴纳的单位负担及个人负担的“五险一金”。

业务操作：

月缴费额＝月缴费基数×缴费系数

按缴费公式计算孙小花缴纳的单位负担及个人负担的“五险一金”如表4－6所示。

表4－6

险种	缴费基数	缴费比例		缴费金额	
		单位	个人	单位	个人
养老保险	2556.00	18%	8%	460.08	204.48
医疗保险	2556.00	7%	2%	178.92	51.12
失业保险	2556.00	2%	1%	51.12	25.56
工伤保险	2556.00	0.50%	0	12.78	0
生育保险	2556.00	0.85%	0	21.73	0
住房公积金	2556.00	12%	12%	306.72	306.72
小　计				1031.35	587.88

【小贴士】

社保的缴费基数是参保单位和参保职工缴纳社会保险费的依据。职工个人以本人上年度工资收入总额的月平均数作为本年度的月缴费基数，其中新进职工以职工本人起薪当月的足月工资收入作为缴费基数。社保的缴费基数在每年的1～5月会有所调整，最低标准是当地职工上年度平均工资的60%，上限是300%。住房公积金缴费基数和社保缴费基数原则上是一样的。住房公积金缴费基数在每年7月调整，最低标准同当地最低工资标准，上限同社保缴费基数的上限（有关规定随政策调整变化）。

【技能实训】

根据表4－5中该公司上年度工资收入月平均数的有关信息，完成表4－7公司员工的社保费、公积金缴费计算表的填写。

表4－7　蓝天贸易有限公司员工社保费、公积金缴费金额计算表

2014年3月份

序号	岗位类别	姓名	月缴费基数	单位负担							个人负担				
				养老险 18%	医疗险 7%	失业险 2%	工伤险 0.50%	生育险 0.85%	公积金 12%	小计	养老险 8%	医疗险 2%	失业险 1%	公积金 12%	小计
1	总经理	李　董	6230.00												
2	副总经理	赵　明	4861.00												
3	财务部	张南天	4233.00												
4	财务部	赵　华	4099.00												
5	财务部	付　新	3765.00												
6	采购部	张　华	3668.00												
7	销售部	李　强	3890.00												
8	生产部	丘秋天	3651.00												
9	生产部	章伟国	3836.00												
10	生产部	饶立纲	3062.00												
11	生产部	林　静	2698.00												
12	生产部	孙小花	2556.00												
合　计															

三、个人所得税的计算

依法纳税是每个公民应尽的义务，做好个人所得税代扣代缴工作是各单位的法律责任。各单位是个人所得税扣缴义务人的重要组成部分，应依法认真履行代扣代缴义务。

个人所得税计算公式：

个人所得税＝［工资薪金总收入－个人负担的养老保险费、医疗保险费、失业保险

费、住房公积金 - 扣除标准（目前为 3 500 元）] × 适用税率 - 速算扣除数

【案例导入】

蓝天贸易有限公司 2014 年 3 月份孙小花的应付工资总收入为 4 270.25 元（见表4 - 3）；个人负担的养老保险金、医疗保险金、失业保险金、住房公积金 587.88 元（见表4 - 6）；个人所得税税率表（工资、薪金所得适用）如表4 - 8 所示。

表4 - 8 个人所得税税率表（工资、薪金所得适用）

级数	全月应纳税所得额（含税人及距）	税率（%）	速算扣除数
1	不超过 1500 元	3%	0
2	超过 1500 元至 4500 元的部分	10%	105
3	超过 4500 元至 9000 元的部分	20%	555
4	超过 9000 元至 35000 元的部分	25%	1005
5	超过 35000 元至 55000 元的部分	30%	2755
6	超过 55000 元至 80000 元的部分	35%	5505
7	超过 80000 元的部分	45%	13505

要求：计算该公司孙小花 3 月份应代扣代缴的个人所得税。

业务操作：

应纳税额 = （工资薪金所得 - “三险一金” - 扣除数）× 适用税率 - 速算扣除数

= （4 270.25 - 587.88 - 3 500.00）× 3% - 0 = 5.47（元）

【技能实训】

请根据表4 - 3、表4 - 6、表4 - 7 继续完成蓝天贸易有限公司员工的应代扣代缴的个人所得税、实发工资项目及该公司 3 月份工资结算表（表4 - 9）的填写。

表4 - 9 蓝天贸易有限公司工资结算表

2014 年 3 月份

序号	部门类别	姓名	基本工资	绩效工资	加班工资	计件工资	缺勤扣款	应发工资	代扣款项					实发工资
									养老险	医疗险	失业险	公积金	扣个税	
1	总经理	李　董												
2	副总经理	赵　明												
3	财务部	张南天												
4	财务部	赵　华												
5	财务部	付　新												
6	采购部	张　华												
7	销售部	李　强												
8	生产部	丘秋天												
9	生产部	章伟国												
10	生产部	饶立纲												
11	生产部	林　静												
12	生产部	孙小花												
合　计														

四、工会经费及职工教育经费的计算

企业应按相关法规规定，以工资总额为基数，按照规定的比例计提工会经费和职工教育经费，主要用于开展工会活动及职工教育培训等用途。

【案例导入】

科成工业贸易有限公司2014年3月份按规定比例以本月工资总额的2%和1.5%分别计提工会经费和职工教育经费。

表4－10

项目：计提工会经费计算表　　2014年3月　　计提比例2%

部门类别	应付工资金额	提取金额	备注
行政部	36800.20	736.00	
销售部	29834.50	596.69	
采购部	15677.00	313.54	
生产车间	176003.60	3520.07	
合　计	258315.30	5166.30	

表4－11

项目：计提职工教育经费计算表　　2014年3月　　计提比例1.5%

部门类别	应付工资金额	工会经费1.5%	备注
行政部	36800.20	552.00	
销售部	29834.50	447.52	
采购部	15677.00	235.16	
生产车间	176003.60	2640.05	
合　计	258315.30	3874.73	

练一练：

请根据蓝天贸易有限公司工资结算表（见表4－9），按规定比例以本月工资总额的2%和1.5%分别计提工会经费和职工教育经费。

【技能实训】

请根据碧草贸易有限公司2014年3月份应付职工薪酬金额，按照比例分别计提工会经费和职工教育经费（见表4－12）。

表4－12　工会经费、教育经费计提表

2014年3月

部　门		应付职工薪酬	工会经费2%	职工教育经费1.5%	合计
行政管理部		28700.31			
销售部		23694.50			
一车间	生产工人	57632.60			
	管理人员	8963.40			
	小　计	66596.00			
二车间	生产工人	68936.90			
	管理人员	11320.00			
	小　计	80256.90			
合　计		199247.7			

项目3　职工薪酬的账务处理

一、企业发生支付职工薪酬的账务处理

（1）向职工支付工资、奖金、津贴、福利费等货币性薪酬支付，从应付职工薪酬中扣还的各种款项（“五险一金”、个人所得税等），借记“应付职工薪酬”，贷记“银行存款”、“库存现金”、“其他应收（付）款”、“应交税费——应交个人所得税”等科目。

（2）支付工会经费和职工教育经费用于工会活动和职工培训，借记“应付职工薪酬”，贷记“银行存款”等科目。计提职工福利费的核算的账务处理，可比照工资费，但医务及福利人员计提的福利费，应计入管理费用。

（3）按照国家有关规定缴纳社会保险费和住房公积金，借记“应付职工薪酬”，贷记“银行存款”科目。

（4）企业以其自产产品或外购商品等非货币性福利发放给职工的，借记“应付职工薪酬”，贷记“主营业务收入——其他业务收入”科目；同时，还应结转产成品的成本。涉及增值税销项税额的，还应进行相应的处理。

（5）企业因解除与职工的劳动关系给予职工的补偿，借记“应付职工薪酬”，贷记“银行存款”、“库存现金”等科目。

（6）本科目期末贷方余额反映企业应付未付的职工薪酬。

【案例导入】

（1）2014年3月碧草贸易有限公司发生的工资业务如下：

薪酬会计计算编制本月员工薪酬结算汇总表并由主管审核签字（见表4－13）。

表 4－13　职工薪酬结算汇总表

2014 年 3 月

部门		基本工资	加班工资	绩效工资	计件工资	缺勤扣款	应发工资	代扣款项					实发工资
								养老险 8%	医疗险 2%	失业险 1%	公积金 12%	扣个税	
行政管理部		39000.00	9100.00	21000.00	0.00	980.00	68120.00	5449.60	1362.40	681.20	8174.40	4212.60	48239.80
销售部		16300.00	5000.00	9700.00	0.00	260.00	30740.00	2459.20	614.80	307.40	3688.80	635.30	23034.50
一车间	生产工人（甲产品）	23900.00	6700.00	8500.00	26900.00	1230.00	64770.00	5181.60	1295.40	647.70	7772.40	430.20	49442.70
一车间	管理人员	8600.00	3300.00	3600.00	0.00	320.00	15180.00	1214.40	303.60	151.80	1821.60	156.50	11532.10
一车间	小计	32500.00	10000.00	12100.00	26900.00	1550.00	79950.00	6396.00	1599.00	799.50	9594.00	586.70	60974.80
二车间	生产工人（乙产品）	21670.00	5900.00	8300.00	24320.00	980.00	59210.00	4736.80	1184.20	592.10	7105.20	396.20	45195.50
二车间	管理人员	7530.00	2600.00	2980.00	0.00	289.00	12821.00	1025.68	256.42	128.21	1538.52	136.70	9735.47
二车间	小计	29200.00	8500.00	11280.00	24320.00	1269.00	72031.00	5762.48	1440.62	720.31	8643.72	532.90	54930.97
合　计		117000.00	32600.00	54080.00	51220.00	4059.00	250841.00	20067.28	5016.82	2508.41	30100.92	5967.50	187180.07

复核：钟华　　　　　　　　　　制表：赵小红

根据“职工薪酬结算汇总表”（见表 4－13）签发支票一张，委托中国工商银行白云支行办理代发工资转存信用卡业务。工资发放清单以软盘形式由出纳同时送交银行，并经银行审核发放。

中国工商银行
支票存根
8876545
2456792

附加信息

出票日期 2014 年 3 月 16 日

收 款 人：碧草贸易有限公司
金　　额：￥187180.07
用　　途：工资

单位主管 钟华　会计 赵小红

图 4－1　支票存根

业务操作：

薪酬岗位会计的账务处理流程是审核付款原始凭证，以职工薪酬结算汇总表、支票存根等附件编制记账凭证（凭证号：记字第062号），并登记账簿（略）。

记 账 凭 证

记字第062号 1/2

2014年03月16日

摘要	总账科目	明细科目	借方金额											贷方金额											√
			亿	千	百	十	万	千	百	十	元	角	分	亿	千	百	十	万	千	百	十	元	角	分	
发放职工薪酬及结转代扣款项	应付职工薪酬	工资				2	5	0	8	4	1	0	0												□
	其他应付款	养老保险费																2	0	0	6	7	2	8	□
	其他应付款	医疗保险费																	5	0	1	6	8	2	□
	其他应付款	失业保险费																	2	5	0	8	4	1	□
	其他应付款	住房公积金																3	0	1	0	0	9	2	□
	应交税费	应交个人所得税																	5	9	6	7	5	0	□
合计																									□

附单据2张

会计主管：　　记账：　　出纳：　　复核：　　制单：赵小红

图4－2

记 账 凭 证

记字第062号 2/2

2014年03月16日

摘要	总账科目	明细科目	借方金额											贷方金额											√
			亿	千	百	十	万	千	百	十	元	角	分	亿	千	百	十	万	千	百	十	元	角	分	
	银行存款	工行白云支行															1	8	7	1	8	0	0	7	□
																									□
																									□
																									□
																									□
																									□
合计					¥	2	5	0	8	4	1	0	0			¥	2	5	0	8	4	1	0	0	□

附单据2张

会计主管：　　记账：　　出纳：　　复核：　　制单：赵小红

图4－3

（2）2014 年 3 月碧草贸易有限公司缴交上月社保费。

社会保险费电子转账凭证

日期：2014 年 03 月 09 日

凭证号：123456
凭证提交号：7890

付款人	全　　称	碧草贸易有限公司	收款人	全　　称	白云区社保中心
	账　　号	234567890		账　　号	4401056789
	开 户 行	工商银行白云支行		开 户 行	工商银行白云支行
	行　　号	891012		行　　号	891012
金　额		人民币（大写）：玖万捌仟柒佰零伍元玖角肆分			¥98705.94
摘要	代扣号：A123456 养老小计：65218.66　单位养老：45151.38　个人养老：20067.28 失业小计：7525.23　单位失业：5016.82　个人失业：2508.41 医疗小计：22575.69　单位医疗：17558.87　个人医疗：5016.82 工伤小计：1254.21　单位工伤：1254.21 生育小计：2132.15　单位生育：2132.15				工商银行白云支行 收款人开户行盖章 2014.03.09 转　讫
备注					转账时间： 10：30

第二联：缴费单位

图 4－4

业务操作：

薪酬岗位会计根据缴费基数计算社保缴费金额，审核付款原始凭证，以社保费转账付款单据等附件编制记账凭证（凭证号：记字第 043 号），并登记账簿（略）。

记　账　凭　证

记字第 043 号

2014 年 03 月 09 日

摘　　要	总账科目	明细科目	借方金额 亿	千	百	十	万	千	百	十	元	角	分	贷方金额 亿	千	百	十	万	千	百	十	元	角	分	√
支付社会保险费	应付职工薪酬	社保费					7	1	1	1	3	4	3												□
	其他应付款	养老保险费					2	0	0	6	7	2	8												□
	其他应付款	失业保险费						2	5	0	8	4	1												□
	其他应付款	医疗保险费						5	0	1	6	8	2												□
	银行存款	工商银行白云支行																9	8	7	0	5	9	4	□
																									□
合　　计						¥	9	8	7	0	5	9	4				¥	9	8	7	0	5	9	4	□

附单据 1 张

会计主管：　　记账：　　出纳：　　复核：　　制单：赵小红

图 4－5

（3）碧草贸易有限公司2014年3月26日外购一批床上用品发放职工福利。有关票据见图4－6、图4－7、图4－8。

中国工商银行
支票存根

8876560
2456795

附加信息

出票日期2014年3月26日

收款人：	创世纪贸易公司
金额：	￥67392.00
用途：	货款

单位主管 钟华　会计 赵小红

图4－6

广东增值税专用发票

440002345　　　发票联　　　NO：023456789

开票日期：2014年03月26日

购货单位	名称：碧草贸易有限公司 纳税人识别号：4401031904321A 地址、电话：广州市南江路12号 81000068 开户行及账号：工商银行白云支行 02016866	密码区	70359 < *8263 +8 *5828　加密版本:01 394 < <79483 *7386487　3400044792 92 + +879 -4792 -54 < <6　02168932 849 < > *6743

货物或应税劳务名称	规格型号	单位	数量	单价	金额	税率	税额
床上用品	WLP	套	96	600	57600.00	17%	9792.00
合计					￥57600.00		￥9792.00
价税合计（大写）	⊗陆万柒仟叁佰玖拾贰圆整					（小写）	￥67392.00

销货单位	名称：创世纪贸易公司 纳税人识别号：44010667890123A 地址、电话：广州市天龙路128号 82216668 开户行及账号：工行广州白云支行 02112345	备注	创世纪贸易公司 44010667890123A 发票专用章

第三联：发票联　购货方记账凭证

收款人：　　复核：　　开票人：张文　　销货单位

图4－7

广东增值税专用发票

440002345　　　　NO：023456789

此联不作报销，扣税凭证使用

开票日期：2014 年 03 月 26 日

购货单位	名　　　称：碧草贸易有限公司 纳税人识别号：4401031904321A 地 址 、电 话：广州市南江路 12 号 81000068 开户行及账号：工商银行白云支行 02016866	密码区	70359 < * 8263 + 8 * 5828　加密版本:01 394 < <79483 * 7386487　3400044792 92 + +879 - 4792 - 54 < <6　02168932 849 < > * 6743

货物或应税劳务名称	规格型号	单位	数量	单价	金额	税率	税额
床上用品	WLP	套	96	600	57600.00	17%	9792.00
合　　计					¥57600.00		¥9792.00
价税合计（大写）	⊗陆万柒仟叁佰玖拾贰圆整				（小写）　¥67392.00		

销货单位	名　　　称：创世纪贸易公司 纳税人识别号：44010667890123A 地 址 、电 话：广州市天龙路 128 号 82216668 开户行及账号：工商银行白云支行 02112345	备注	创世纪贸易公司 44010667890123A 发票专用章

收款人：　　　　复核：　　　　开票人：张　文　　　　销货单位：

第二联：抵扣联　购货方扣税凭证

图 4 - 8

福利发放表

2014 年 03 月 27 日

部　门	数量（套）	签领人	备注
行政管理部	12	赵小红	
销售部	9	张　伟	
一车间	39（其中工人 32 人）	李大盛	
二车间	36（其中工人 30 人）	李　刚	
合　计	96		

主管：钟华　　　　复核：刘明明　　　　制表：吴一凡

图 4 - 9

业务操作：

薪酬岗位会计审核付款发票凭证，以支票存根、福利发放表、发票联单据等附件编制记账凭证（凭证号：记字第 072 号），并登记账簿（略）。

记账凭证

记字第072号

2014年03月27日

摘要	总账科目	明细科目	借方金额	贷方金额	√
外购商品发放职工福利	应付职工薪酬	非货币性福利	6739200		□
	银行存款	工行白云支行		6739200	□
					□
					□
					□
					□
合计			¥6739200	¥6739200	□

附单据3张

会计主管： 记账： 出纳： 复核： 制单：赵小红

图4－10

二、职工薪酬费用分配的账务处理

企业薪酬费用分配主要包括货币性职工薪酬、福利及非货币性职工福利的分配，社保费、公积金、工会经费、职工教育经费等计提费用的分配。

薪酬费用的分配对象可作如下分类：生产工人的薪酬应分配给所生产的产品或劳务；车间管理人员的薪酬应由各车间的制造费用承担；企业管理人员的薪酬应由管理费负担，不应计入产品成本的薪酬费用应根据成本开支渠道的规定列支。

职工薪酬分配的账务处理如下：

借：生产成本（制造费用、管理费用、销售费用等）

　　贷：应付职工薪酬（工资、职工福利、社保费、工会费、住房公积金等）

【小贴士】

薪酬费用分配要点：

（1）分清应计入产品成本的费用与不应计入产品成本的费用。工资费用一般都应计入产品成本，但医务、福利人员的工资则应由福利费开支，离退休人员的工资应由管理费开支，专设销售机构人员的工资应由销售费负担。

（2）分清直接计入成本的工资费用与间接计入相应的产品成本。生产单位管理人员的工资应先按不同的车间进行归集，计入制造费用，然后与其他制造费用汇总分配计入产品成本。

【案例导入】

（1）2014 年 3 月 30 日碧草贸易有限公司根据员工工资结算汇总表编制的职工薪酬费用分配表（见表 4－14）如下。

表 4－14　职工薪酬费用分配表

编制单位：碧草贸易有限公司　　　　2014 年 3 月　　　　单位：元

应借账户 \ 车间、部门		生产车间	行政部门	工资费用合计
生产成本	甲产品	64770.00		64770.00
	乙产品	59210.00		59210.00
制造费用		28001.00		28001.00
管理费用			68120.00	68120.00
销售费用			30740.00	30740.00
合　计		151981.00	98860.00	250841.00

复核：刘明明　　　　　　　　　　　　　　制表：吴一凡

薪酬岗位会计审核根据审核无误的原始凭证等附件编制记账凭证（凭证号：记字第 091 号），并登记账簿（略）。

记　账　凭　证　　　　记字第 091 号

2014 年 03 月 30 日

摘　要	总账科目	明细科目	借方金额											贷方金额											√
			亿	千	百	十	万	千	百	十	元	角	分	亿	千	百	十	万	千	百	十	元	角	分	
分配职工薪酬	生产成本	甲成本					6	4	7	7	0	0	0												□
	生产成本	乙成本					5	9	2	1	0	0	0												□
	制造费用						2	8	0	0	1	0	0												□
	管理费用	职工薪酬					6	8	1	2	0	0	0												□
	销售费用	职工薪酬					3	0	7	4	0	0	0												□
	应付职工薪酬	工资															2	5	0	8	4	1	0	0	□
	合　计				¥	2	5	0	8	4	1	0	0			¥	2	5	0	8	4	1	0	0	□

附单据 2 张

会计主管：　　　记账：　　　出纳：　　　复核：　　　制单：赵小红

图 4－11

（2）2014 年 3 月 30 日碧草贸易有限公司根据缴费基数，以及社保缴费单据（见图 4－4）编制的社会保险费分配汇总表如下。

表 4-15　社会保险费分配汇总表

编制单位：碧草贸易有限公司　　　　2014 年 3 月　　　　单位：元

应借科目		养老保险	失业保险	医疗保险	工伤保险	生育保险	合　计
生产成本	甲产品	11658.60	1295.4	4533.90	323.85	550.55	18362.30
	乙产品	10657.80	1184.20	4144.70	296.05	503.29	16786.04
制造费用		5040.18	560.02	1960.07	140.00	238.00	7938.27
管理费用		12261.60	1362.40	4768.40	340.60	579.02	19312.02
销售费用		5533.20	614.80	2151.80	153.07	261.93	8714.80
合计		45151.38	5016.82	17558.87	1253.57	2132.79	71113.43

复核：刘明明　　　　填制：吴一凡

薪酬岗位会计根据审核无误的社会保险费分配汇总表附件编制记账凭证（凭证号：记字第 092 号），并登记账簿（略）。

记　账　凭　证

记字第 092 号

2014 年 03 月 30 日

摘　要	总账科目	明细科目	借方金额	贷方金额	√
分配社会保险费	生产成本	甲产品	1836230		□
	生产成本	乙产品	1678604		□
	制造费用		793827		□
	管理费用	职工薪酬	1931202		□
	销售费用	职工薪酬	871480		□
	应付职工薪酬	工资		7111343	□
合　计			¥7111343	¥7111343	□

附单据 2 张

会计主管：　　记账：　　出纳：　　复核：　　制单：赵小红

图 4-12

练一练：

根据表 4-3、图 4-9 及图 4-10，完成非货币性福利的薪酬费用分配，并编制记账凭证。

【技能实训】

（1）2014 年 3 月创世纪贸易公司员工工资结算汇总表见表 4-16，生产工人的薪酬费用按生产工时分配，其中甲产品的生产工时为30 000小时，乙产品为20 000小时。

表4－16　创世纪贸易公司工资结算汇总表

2014年3月　　单位：元

车间、部门	计时工资	计件工资	绩效奖励	夜班津贴	加班工资	应付工资	代扣款项				实发工资
							养老保险	医疗保险	失业保险	个人所得税	
生产工人	98168.00	106942.00	13022.00	5652.00	3943.00	227727.00	18218.16	4554.54	2277.27	863.00	201814.03
车间管理人员	10231.00		2300.00	1230.00	981.00	14742.00	1179.36	294.84	147.42	724.00	12396.38
行政管理人员	89234.00		9633.00	290.00	862.00	100019.00	8001.52	2000.38	1000.19	8210.00	80806.91
专设销售人员	9652.00		3680.00	221.00	370.00	13923.00	1113.84	278.46	139.23	921.00	11470.47
合计	207285.00	106942.00	28635.00	7393.00	6156.00	356411.00	28512.88	7128.22	3564.11	10718.00	306487.79

审核：章伟　　填制：李小杨

请根据上述资料，完成生产工人的工资分配、职工薪酬费用分配，并作账务处理。

（2）2014年3月20日，签发银行支票一张，缴付职工住房公积金（单位、个人各负担12%）。

中国工商银行
支票存根

8876566
2456798

附加信息

出票日期2014年3月20日

收 款 人：	市住房公积金管理中心
金　　额：	￥85538.64
用　　途：	住房公积金

单位主管 章伟　会计 李小杨

图4－13

住房公积金专用进账单

2014 年 3 月 20 日　　　　交易号：020123456789

付款人	全　　称	创世纪贸易公司	收款人	全　　称	广州市住房公积金管理中心
	账　　号	567890123		账　　号	020123456789
	开户银行	工商银行白云支行		开户银行	建设银行珠江支行
人民币（大写）：捌万伍仟伍佰叁拾捌元陆角肆分					（小写）￥85538.64
接柜员　中国建设银行珠江支行 2014.03.20 转讫			第一联（开户银行签章） 第二联（收款人开户银行签章）		
复核　　记账			复核　　记账		

图 4－14

请根据上述资料，完成住房公积金费用分配，并作账务处理。

模块五　成本费用岗位实训

【知识目标】

1. 了解成本费用岗位的主要职责及业务范围。
2. 掌握成本费用的归集与分配方法及相应的账务处理。

【技能目标】

1. 能熟练根据所提供的原始凭证编制成本计算表并编制记账凭证。
2. 能掌握成本费用的归集与分配方法，开设并登记产品生产成本明细账等账务处理。
3. 培养良好的职业意识和专业习惯，自觉履行成本会计岗位职责。

项目1　成本费用的归集和分配

对任何一个企业来说，都是希望成本费用小，收益大。所有的企业都期望以最小的成本获取最大的收益，遵循价值最大化原则。对于工业企业来说，成本、费用的核算是企业一项非常重要的工作。

工业企业在一定时期内消耗的物化劳动与活劳动的货币表现，称为生产费用；为生产一定种类的一定数量的产品所支出的各项生产费用总和，称为产品成本。

产品成本和生产费用是两个不同的概念，它们既有联系，又有区别。生产费用的发生额是计算产品成本的基础，而产品成本便是一定种类和数量的完工产品的生产费用，两者反映的经济内容都是生产过程的耗费。产品成本包括为创造产品而发生的直接材料、直接人工和制造费用。

工业企业在生产经营过程中所发生的各项费用，如果是生产某种产品的直接费用，应直接记入这种产品成本明细账的“直接材料”或“直接人工”等项目；如果是生产几种产品共同耗用的费用，应采用适当的分配方法，分配记入这几种产品成本明细账的“直接材料”、“直接人工”和“制造费用”等成本项目。

工业企业生产费用分配的基本方法是比例法。这种方法是以实际发出的待分配费用总额作分子，以一定的分配标准作分母，求出费用分配率，然后再用这个分配率，分别乘以每种产品参加分配的标准数，从而得出各种产品应分配的费用数。

费用分配率 = 待分配费用总额 ÷ 分配标准总量（总额）

某种产品应负担的费用 = 该产品分配标准数 × 费用分配率

常用来作为分配标准的有：定额消耗量，定额费用，生产工时，机器工时，生产工人工资，产品的产量、体积、重量、产值等。

1. 材料费用的归集和分配

直接材料的归集，是通过"生产成本"账户进行的，并在"生产成本"账户下设置"生产成本明细账"，按成本计算对象和成本项目分别归集企业发生的各项生产费用。

直接材料的分配，如原材料用于生产某种、某批、某类产品，应直接记入有关产品成本的"直接材料"成本项目。如果是几种产品共同耗用的，就应采用适当的分配方法，分配记入这几种产品成本的"直接材料"成本项目。另外，辅助生产车间耗用的材料，记入"生产成本——辅助生产成本"账户，车间耗用的材料，记入"制造费用"，行政管理部门耗用的材料，记入"管理费用"账户。

现以定额消耗量的比例法为例，说明几种产品共同耗用材料费用的分配方法，计算公式如下：

某种产品的定额消耗量 = 该种产品实际产量 × 该种产品单位定额消耗量

材料费用分配率 = 应分配的材料费用 ÷ 各种产品材料定额耗用量之和

某种产品应分配的材料费用 = 该种产品的定额消耗量 × 费用分配率

【案例导入】

蓝天贸易有限公司属下宏大电信设备厂于 2014 年 5 月末编制"共耗材料费用分配表"，如表 5－1 所示。

表 5－1　共耗材料费用分配表

2014 年 05 月 31 日

产品名称	实际产量（千克）	单位定额消耗量（千克）	定额消耗量（千克）	分配率（元/千克）	应分配费用（元）
甲产品	2000	1.5	3000		33000
乙产品	2000	2	4000		44000
合计	4000		7000	11	77000

根据上述资料计算如下：

甲产品定额消耗量＝1.5×2 000＝3 000（千克）

乙产品定额消耗量＝2×2 000＝4 000（千克）

费用分配率＝77 000÷（3 000＋4 000）＝11（元/千克）

甲产品应分配材料费用＝3 000×11＝33 000（元）

乙产品应分配材料费用＝4 000×11＝44 000（元）

要求：根据以上原始凭证及计算结果填制记账凭证及登记产品明细账。

记　账　凭　证

记字第 168 号

2014 年 05 月 31 日

摘要	总账科目	明细科目	借方金额											贷方金额											√
			亿	千	百	十	万	千	百	十	元	角	分	亿	千	百	十	万	千	百	十	元	角	分	
分配原材料	生产成本	甲产品					3	3	0	0	0	0	0												□
	生产成本	乙产品					4	4	0	0	0	0	0												□
	原材料																	7	7	0	0	0	0	0	□
																									□
																									□
																									□
合　计						¥	7	7	0	0	0	0	0				¥	7	7	0	0	0	0	0	□

附单据 1 张

会计主管：　　记账：　　出纳：　　复核：　　制单：赵华

图 5－1

表5－2 生产成本——甲产品明细账

2014年		凭证字号	摘要	借方			贷方	借或贷	余额
月	日			直接材料	直接人工	制造费用			
05	31		承前页					借	30000.00
05	31	记168	分配原材料	33000.00				借	63000.00

表5－3 生产成本——乙产品明细账

2014年		凭证字号	摘要	借方			贷方	借或贷	余额
月	日			直接材料	直接人工	制造费用			
05	31		承前页					借	20000.00
05	31	记168	分配原材料	44000.00				借	64000.00

2．外购动力费的归集和分配

外购动力费是指企业从外单位购入的电力、蒸汽等发生的动力费，这些动力费有的直接用于产品生产，有的用于照明、取暖等其他用途。动力费应按用途和使用部门进行分配，如果安装有计量仪器，可采用生产工时比例、机器马力时数（马力×时数）比例或定额耗用量比例进行分配。

直接用于产品生产的外购动力费应记入“生产成本——基本生产成本”，用于辅助生产的外购动力费应记入“生产成本——辅助生产成本”；间接用于生产，用于车间及管理部门的动力费用，应记入“制造费用”、“管理费用”账户归集。外购动力费的分配方法，与材料费用分配相同。

【技能实训】

［实训1］蓝天贸易有限公司属下宏大电信设备厂2014年5月末编制“共耗外购动力费分配表”，如表5－4所示。

表5－4　共耗外购动力费分配表

2014年05月31日　　单位：元

应借科目		成本项目	生产工时（小时）	用电度数（0.30元/度）	分配率（元/工时）	分配金额
生产成本——基本生产成本	甲产品	动力费	12000			4560
	乙产品	动力费	10000			3800
合　计			22000	28000	0.38	8360

根据上述资料计算如下：

分配率＝28 000×0.3÷（12 000＋10 000）＝0.38（元/工时）

甲产品应分配外购动力费＝12 000×0.38＝4 560（元）

乙产品应分配外购动力费＝10 000×0.38＝3 800（元）

要求：根据以上原始凭证及计算结果填制记账凭证。

3．职工薪酬费用的归集和分配

工业企业在生产产品过程中，生产工人工资应在“直接人工”成本项目中归集，如能直接记入某一产品成本核算对象的，应直接记入，不能直接记入某一产品成本核算对象的，一般按各种产品实用工时比例在各种产品之间分配工资费用。

计算公式如下：

职工薪酬费用分配率＝生产工人工资定额÷各种产品实用工时之和

某种产品应分配的职工薪酬费用＝该种产品实用工时×职工薪酬费用分配率

［实训2］蓝天贸易有限公司属下宏大电信设备厂5月末编制“职工薪酬费用分配表”，如表5－5所示。

表5－5 职工薪酬费用分配表

2014年05月31日

<table>
<tr><th colspan="2">应借科目</th><th rowspan="2">直接工资（元）</th><th colspan="4">共耗工资</th><th>职工福利费（14%）</th></tr>
<tr><th>总账及二级科目</th><th>明细科目</th><th>分配标准（工时）</th><th>分配率（元/工时）</th><th>直接人员工资</th><th>工资合计</th><th>金额（元）</th></tr>
<tr><td rowspan="3">生产成本——基本生产成本</td><td>甲产品</td><td>5500</td><td>21000</td><td></td><td>6300</td><td>11800</td><td>1652</td></tr>
<tr><td>乙产品</td><td>4000</td><td>20000</td><td></td><td>6000</td><td>10000</td><td>1400</td></tr>
<tr><td>小计</td><td>9500</td><td>41000</td><td>0.3</td><td>12300</td><td>21800</td><td>3052</td></tr>
</table>

根据上述资料计算如下：

分配率＝12 300÷（21 000＋20 000）＝0.3（元/工时）

甲产品应分配职工薪酬费用＝21 000×0.3＝6 300（元）

乙产品应分配职工薪酬费用＝20 000×0.3＝6 000（元）

要求：根据以上原始凭证及计算结果填制记账凭证。

4．辅助生产费用的归集

工业企业的辅助生产，是指为基本生产服务而进行的产品生产和劳务供应。辅助生产费用的归集和分配，是通过“生产成本——辅助生产成本”账户进行的，该账户应按辅助生产车间及产品或劳务的种类设立明细账，按产品成本或费用项目设专栏进行明细分类核算。

辅助生产费用的归集程序与基本生产费用归集程序基本相同，辅助生产车间发生的原材料、燃料及动力、职工薪酬等直接费用，应根据原材料、工资等费用分配表及有关凭证，记入“生产成本——辅助生产成本”账户的借方及其所属明细账相应的成本项目；辅助生产费用的间接费用，如制造费用，一般应先记入“制造费用”总账和所属明细账的借方进行归集，然后再从该账户的贷方分配转入“生产成本——辅助生产成本”账户的借方。如辅助生产车间规模不大，制造费用不多，为简化核算，其制造费用也可以直接记入“生产成本——辅助生产成本”账户借方，不通过“制造费用”账户核算。

辅助生产完工入库或实际发生的劳务成本应从“生产成本——辅助生产成本”账户的贷方转出，期末借方余额表示辅助生产车间在产品的实际成本。

为了核算每个成本计算对象的成本，在“生产成本——辅助生产成本”账户下，还应分车间按成本计算对象设置明细账，并在明细账中按“直接材料”、“直接人工”、“制造费用”等成本项目进行核算。其格式如表5－6、表5－7所示。

表 5－6 供电车间辅助生产明细账

车间：供电车间 单位：元

2014 年		凭证号数	摘要	直接材料	直接人工	制造费用	合计
月	日						
10		略	根据原材料费用分配汇总表	5000			5000
			根据职工薪酬费用分配表		2400		2400
			根据职工福利费用分配表		336		336
			根据制造费用分配表			12000	12000
10	31		本月发生额合计	5000	2736	12000	19736
10	31		结转本月发生额	5000	2736	12000	19736

表 5－7 机修车间辅助生产明细账

车间：机修车间 单位：元

2014 年		凭证号数	摘要	直接材料	直接人工	制造费用	合计
月	日						
10		略	根据原材料费用分配汇总表	31000			31000
			根据动力费用分配表	3000			3000
			根据职工薪酬费用分配表		18000		18000
			根据职工福利费用分配表		2520		2520
			根据制造费用分配表			42000	42000
10	31		本月发生额合计	34000	20520	42000	96520
10	31		结转本月发生额	34000	20520	42000	96520

5. 辅助生产费用的分配

辅助生产提供的产品和劳务，主要受益对象是基本生产车间和企业管理部门。但在某些辅助生产车间之间，也有相互提供产品和劳务等情况。如供电车间为机修车间提供电，机修车间为供电车间提供修理劳务。如计算电的成本时，就需要确定机修劳务成本，而机修劳务成本也需要确定电的成本。两者之间形成一种相互制约关系。根据这一特点，辅助生产费用的分配方法有两大类型：一种是交叉计算辅助生产车间相互提供劳务而应分入、转出的费用；另一种是不考虑辅助生产车间相互提供劳务而把车间直接发生的费用全部对辅助生产车间以外的受益部门分配。

常用的辅助生产费用的分配方法有直接分配法、一次交互分配法、计划成本分配法、顺序分配法和代数分配法。本书只介绍直接分配法。

直接分配法不考虑企业内部各个辅助生产车间相互提供劳务的情况，而是将各个辅助生产车间发生的费用直接分配给辅助生产车间以外的受益对象。其分配公式如下：

某种辅助生产费用分配率＝该种辅助生产费用总额÷该种辅助生产对外提供的劳务总量

某受益部门应分配的费用 = 该部门耗用的劳务数量 × 辅助生产费用分配率

［实训 3］假设蓝天贸易有限公司属下宏大电信设备厂有供电和机修两个辅助车间，5 月份供电车间发生费用 73 000 元，机修车间发生费用 132 750 元。两车间提供劳务资料如表 5 – 8 所示。

表 5 – 8　耗用辅助生产车间劳务量汇总表

2014 年 5 月

受益部门		用电度数	用工时数
供电车间			5000
机修车间		8000	
基本生产车间	A 产品	130000	
	B 产品	120000	
	C 产品	29000	
制造费用（车间耗用）		8000	28000
管理费用（管理部门耗用）		5000	17000
合　计		300000	50000

根据以上资料，编制“辅助生产费用分配表”，如表 5 – 9 所示。

表 5 – 9　辅助生产费用分配表（直接分配法）

2014 年 05 月 31 日

项目	待分配费用	分配数量	分配率	分配金额									
				生产成本——A		生产成本——B		生产成本——C		制造费用		管理费用	
				数量	金额（元）	数量	金额（元）	数量	金额（元）	数量	金额（元）	数量	金额（元）
机修车间	132750	45000	2. 95							28000	82600	17000	50150
供电车间	73000	292000	0. 25	130000	32500	120000	30000	29000	7250	8000	2000	5000	1250
合计	205750				32500		30000		7250		84600		51400

要求：根据分配表填制记账凭证。

6. 制造费用的归集

制造费用是指企业为生产产品而发生的应计入产品制造成本的各项间接费用。制造费用的归集通过“制造费用”账户进行。企业根据管理需要，“制造费用”账户可按生产车间开设明细账。在账内按费用项目开设专栏进行明细核算。

［实训4］现假设蓝天贸易有限公司属下宏大电信设备厂通过“制造费用”账户，借方归集5月份制造费用总额为167 570元，归集过程如下：

本月原材料费用33 650元，水电费1 800元，工资18 000元，福利费2 520元，保险费3 200元，折旧费55 000元，办公费2 000元，劳保费1 900元，修理费48 000元，运输费1 500元，合计167 570元。

表5－10　制造费用明细账

车间名称：基本生产车间　　　　2014年5月　　　　单位：元

2014年		凭证字号	摘要	材料费	水电费	工资	福利费	保险费	折旧费	办公费	劳保费	修理费	运输费	合计
月	日													
05		略	略	33650										33650
					1800									1800
						18000	2520							20520
								3200						3200
									55000	2000				57000
											1900	48000		49900
													1500	1500
05	31		合计	33650	1800	18000	2520	3200	55000	2000	1900	48000	1500	167570

7. 制造费用的分配

工业企业在产品生产过程中，如某生产车间只生产一种产品，那么制造费用直接计入该种产品的成本中，如某生产车间生产多种产品，制造费用应当采用适当的分配方法分别计入各种产品成本。分配后借记“生产成本”账户，贷记“制造费用”账户。

［实训5］按实训4归集制造费用为167 570元，按生产工时比例分配，A产品实用工时90 000小时，B产品为110 000小时，C产品为62 000小时，A、B、C产品应分配的制造费用计算如下：

分配率＝167 570÷（90 000＋110 000＋62 000）＝0. 639 6（元/小时）

A产品应分配制造费用＝90 000×0. 639 6＝57 564（元）

B 产品应分配制造费用 = 110 000 × 0.639 6 = 70 356（元）

C 产品应分配制造费用 = 62 000 × 0.639 6 = 39 655（元）

应编制的“制造费用分配表”如表 5 - 11 所示。

表 5 - 11　制造费用分配表

2014 年 05 月 31 日

应借账户	分配标准（实用工时）		分配率（元/小时）	分配金额（元）
生产成本——基本生产成本	A 产品	90000		57564
	B 产品	110000		70356
	C 产品	62000		39655
合　计		262000	0.6396	167575

根据制造费用分配表，填制记账凭证。

8. 生产费用在完工产品和在产品之间的分配

工业企业在月末计算产品成本时，如果某种产品已经全部完工，那么该种产品成本明细账中所归集的生产费用就是该种产品的完工产品成本；如果某种产品全部没有完工，那么该种产品成本明细账中所归集的生产费用就是该种产品的月末在产品成本。这两种情况，都不必在完工产品与月末在产品之间进行生产费用的纵向归集和分配。如果某种产品既有完工产品又有月末在产品，那么该种产品成本明细账中所归集的生产费用，就应该在完工产品与月末在产品之间进行纵向的归集分配，分别计算完工产品成本和月末在产品成本。

生产费用在完工产品与在产品之间进行分配，通常有两种方式：

（1）先计算在产品成本，然后再计算完工产品成本。

（2）按一定的分配标准，同时计算完工产品与在产品成本。

常用的分配方法有以下几种：①不计算在产品成本法；②按年初数固定计算在产品成本法；③定额成本法；④按所耗原材料费用计算在产品成本法；⑤约当产量法；⑥定额比例法。

本书仅以约当产量法为例，将生产费用在完工产品与月末在产品之间进行分配。

约当产量法是指将在产品数量按完工程度折合为完工产品的约当产量，然后将成本计算单上的生产费用按照完工产品和在产品的约当产量比例进行分配的一种方法，计算公式如下：

在产品的约当产量 = 在产品数量 × 完工程度或投料程度（%）

单位成本 =（月初在产品成本 + 本月发生的生产费用）÷（完工产品数量 + 月末在产品约当产量）

完工产品成本 = 完工产品数量 × 单位成本

月末在产品成本 = 月末在产品约当产量 × 单位成本 = 该项费用总额 - 完工产品成本

当生产开始一次全部投料时，单位在产品所耗原材料费用与单位完工产品所耗原材料费用一样，都按百分之百确定，那么所发生的原材料费用就应按完工产品数量和期末在产品数量比例分配。其他费用（人工和制造费用）就应根据生产进度来确定完工程度，并将其在完工产品产量和期末在产品约当产量之间按比例分配。如果分次陆续投料，原材料费用和其他费用一样，都要确定约当产量，一般原材料费用是按投料进度来确定在产品所耗其比例，其他费用仍是按生产进度确定。

采用约当产量法，在产品完工程度的测定，对于费用分配的正确性有决定性影响。在各工序在产品数量和单位产品在各工序的加工量较均衡的情况下，后面各工序在产品多加工的程序可抵补前面各工序少加工的程序。这样，全部在产品完工程度均可按50%平均计算，如果不是这种情况，各工序在产品数量和加工量差距很大，则要对在产品完工程度按工序分别测定。在产品完工率计算公式如下：

某道工序在产品完工率 =（前面各道工序工时定额总和 + 本道工序工时定额 × 50%）÷产品工时定额

[实训6] 蓝天贸易有限公司属下宏大电信设备厂A产品工时定额为50小时，经三道工序制成，其中第一道工序为20小时，第二道工序为20小时，第三道工序为10小时。该产品月末完工300件，月末在产品260件，其中第一道工序为100件，第二道工序为100件，第三道工序为60件，各道工序加工进度不均衡。

月初和本月共发生费用为：直接材料30 000元，直接人工5 000元，制造费用7 000元。原材料在生产开始时一次性全部投入。按约当产量法将发生费用在完工产品与期末在产品之间分配如下：

（1）确定每道工序的完工率。

第一道工序完工率 =（20×50%）÷50×100% =20%

第二道工序完工率 =（20+20×50%）÷50×100% =60%

第三道工序完工率 =（20+20+10×50%）÷50×100% =90%

（2）计算各道工序约当产量。

第一道工序约当产量 =100×20% =20（件）

第二道工序约当产量 =100×60% =60（件）

第三道工序约当产量 =60×90% =54（件）

300件在产品约当产量 =20+60+54 =134（件）

（3）分配生产费用（约当产量法）。

材料单位成本 =30 000÷（300+260）=53.57（元/件）

完工产品应分配材料费用 =300×53.57 =16 071（元）

月末在产品分配材料费用 =260×53.57 =13 928.2（元）

直接人工单位成本 =5 000÷（300+134）=11.52（元/件）

完工产品应分配直接人工费 =300×11.52 =3 456（元）

月末在产品应分配直接人工费 =134×11.52 =1 543.68（元）

制造费用单位成本 =7 000 ÷ （300 +134） =16. 13（元/件）
完工产品应分配制造费用 =300 ×16. 13 =4 839（元）
月末在产品应分配制造费用 =134 ×16. 13 =2 161. 42（元）
完工产品总成本 =16 071 +3 456 +4 839 =24 366（元）
月末在产品总成本 =13 928. 2 +1 543. 68 +2 161. 42 =17 633. 3（元）
（4）编制“产品成本计算单”如表 5 -12 所示：

表 5 -12 产品成本计算单

2014 年 05 月 31 日　　　　完工数量：300 件

产品名称：A 产品　　　　在产品数量：260 件

项　　目	直接材料	直接人工	制造费用	合　计
本月生产费用合计	30000	5000	7000	42000
约当产量	260	134	134	—
单位成本	53. 57	11. 52	16. 13	81. 22
本月完工产品成本	16071	3456	4839	24366
月末在产品成本	13928. 2	1543. 68	2161. 42	17633. 3

要求：根据以上产品成本计算单及入库单填制结转完工产品成本的记账凭证。

项目 2　产品成本的计算

企业在进行产品成本计算时，应当根据其生产特点、生产经营组织类型和成本管理要求，确定合适的成本计算方法。

一、产品成本的计算方法

成本计算是对各种产品费用数据进行处理的过程，也就是以一定的成本计算对象为目标，对生产费用进行归集、分配，从而计算出产品成本的过程。工业企业生产特点和成本管理要求对产品成本计算对象有影响，从而形成了产品成本计算的不同方法。

（1）品种法。以产品的品种作为成本计算对象。

（2）分批法。以产品批别作为成本计算对象。

（3）分步法。以产品的生产步骤作为成本计算对象。

以上三种方法为成本计算的方法，除此之外，还有两种辅助成本计算方法，分类法和定额法。无论以上哪种方法都须计算出各种产品的总成本和单位成本。以下将重点讲述品种法。

（1）品种法的特点和适用范围。

品种法是按产品的品种归集生产费用，并计算产品成本的一种方法。采用这种方法，既不要求按批别计算成本，也不要求按步骤计算成本，只按产品品种归集和分配生产费用，计算各种产品的实际总成本和单位成本。

这种方法适用于加工工艺简单，大量大批，单步骤生产的企业，如供水、采掘、发电等生产企业。

（2）品种法的成本计算程序如下。

①按产品品种设成本计算单，按成本项目设专栏，以便按成本项目归集生产费用。

②归集生产费用，编制各种费用分配表，并据此把各项生产费用分别按产品品种计入产品成本计算单（明细账）有关成本项目。

③计算各种产品的总成本和单位成本，按已登记完毕的计算单中成本项目有关数据及完工产品入库单，编制完工产品汇总表，同时结转完工产品成本。

二、业务实例（以品种法为例）

1. 资料

假设蓝天贸易有限公司属下宏大电信设备厂有一个基本生产车间，大量大批生产 A、B 两种产品（均为单步骤生产），另有一个修理车间，该车间的制造费用不通过“制造费用”账户核算，发生的辅助生产费用直接归集在“辅助生产成本”账户中。2014 年 5 月，该厂实际发生成本计算资料如下。

（1）各种产品的产量及耗用工时资料如表 5－13 所示。

表 5－13　产量及耗用工时记录表

产品名称	完工产品产量（件）	月末在产品数量（件）	消耗工时（小时）
A 产品	600	100	15000
B 产品	400	50	5000
合　计			20000

（2）月初两种产品的在产成本资料如表 5－14 所示。

表 5－14　成本资料记录表

单位：元

产品名称	直接材料	直接人工	制造费用	合　计
A 产品	3400	1600	1000	6000
B 产品	5600	2200	1200	9000

（3）其他有关资料见成本计算过程。

2. 成本计算程序及账务处理

（1）编制各种费用分配表，分配各要素费用。

①编制其他费用分配表（假定这些支出均用银行存款支付），如表 5－15 所示。

表 5－15　其他费用分配表

2014 年 5 月　　　　单位：元

分配对象	办公费	差旅费	运输费	合　计
基本生产车间	1000	2000	800	3800
机修车间	600		400	1000
合　计	1600	2000	1200	4800

要求：根据上表分析填制一张分配其他费用的记账凭证，见图 5－2。

记　账　凭　证　　　记字第 180 号

2014 年 05 月 31 日

摘　要	总账科目	明细科目	借方金额（亿千百十万千百十元角分）	贷方金额（亿千百十万千百十元角分）	√
分配车间费用	制造费用	基本生产车间	380000		□
	辅助生产成本	机修车间	100000		□
	银行存款	建行天河支行		480000	□
					□
					□
					□
合　计			¥480000	¥480000	□

附单据 1 张

会计主管：　记账：　出纳：　复核：　制单：赵华

图 5－2

②编制“材料费用分配表”。

根据 5 月份各车间、部门领退料凭证编制“材料费用分配表”，如表 5－16 所示。

表5-16　材料费用分配表

2014年5月　　单位：元

分配对象		成本项目或费用项目	原材料			低值易耗品		
			计划成本	差异（2%）	实际成本	计划成本	差异（-1%）	实际成本
基本生产车间	A产品	直接材料	40000	800	40800			
	B产品	直接材料	32000	640	32640			
	一般耗用	机物料消耗	1200	24	1224			
		劳动保险费				1000	-10	990
机修车间		直接材料	3000	60	3060			
合　计			76200	1524	77724	1000	-10	990

根据上表分析填制一张分配材料费用的记账凭证和一张结转材料成本差异的记账凭证。

③编制“工资及福利费分配表”。

根据各车间、部门的工资结算汇总表（其中，基本生产车间工人工资37 000元，管理人员工资3 000元；机修车间工人工资4 000元，管理人员工资2 000元）和产品的生产工时，编制“工资及福利费分配表”，如表5-17所示。

表5-17　工资及福利费分配表

2014年5月　　单位：元

分配对象	成本项目或成本费用	分配标准（工时）	分配率（元/工时）	工资分配金额	职工福利费（工资的14%）	工资及福利费合计
A产品	直接人工	15000	1.85	27750	3885	31635
B产品	直接人工	5000	1.85	9250	1295	10545
基本生产车间	工资费用			3000	420	3420
机修车间	直接人工			4000	560	4560
	工资费用			2000	280	2280
合　计		20000	1.85	46000	6440	52440

根据以上分配表填制一张分配工资的记账凭证和一张计提福利费的记账凭证。

④编制“外购动力费分配表”。

根据外购动力费的耗用结算凭证，编制“外购动力费分配表”，如表5-18所示。

表 5-18　外购动力费分配表

2014 年 5 月

分配对象	成本项目或成本费用	耗电量（度）	单位成本（分配率）	分配金额（元）
基本生产车间	燃料及动力	78000		23400
	水电费	3000		900
机修车间	燃料及动力	9000		2700
合　计		90000	0.3	27000

基本生产车间属产品直接耗用的电费，还应在 A、B 产品之间按实际生产工时比例进行分配，如表 5-19 所示。

表 5-19　基本生产车间外购动力费分配表

2014 年 5 月

分配对象	成本项目或成本费用	工时（小时）	分配率（元/工时）	分配金额（元）
A 产品	燃料及动力	15000		17550
B 产品	燃料及动力	5000		5850
合　计		20000	1.17	23400

根据上表填制分配外购动力费的记账凭证。

⑤编制"折旧费用分配表"。

根据有关资料计提固定资产折旧费用，编制"折旧费用分配表"，如表 5-20 所示。

表 5-20　折旧费用分配表

2014 年 5 月　　单位：元

分配对象	费用明细项目	分配金额
基本生产车间	折旧费	3000
机修车间	折旧费	1000
合　计		4000

根据上表填制一张计提折旧的记账凭证。

⑥编制"待摊费用和预提费用分配表"。

根据待摊费用和预提费用明细账，编制"待摊费用和预提费用分配表"，如表 5-21 所示。

表 5－21　待摊费用和预提费用分配表

2014 年 5 月　　单位：元

费用 明细项目	待摊费用		预提费用		合　计
	基本生产车间	机修车间	基本生产车间	机修车间	
保险费	800	400			1200
修理费			1500	200	1700
合　计	800	400	1500	200	2900

根据上表填制待摊费用和预提费用的记账凭证。

（2）归集和分配辅助生产费用。

①根据有关付款凭证和各种生产费用分配表登记“辅助生产成本明细账”，如表5－22所示。

表 5－22　辅助生产成本明细账

车间名称：机修车间　　2014 年 5 月　　单位：元

2014 年		凭证号数	摘要	材料费	工资及福利费	折旧费	保险费	修理费	其他	合　计
月	日									
05	31		分配其他费用						1000	1000
			分配材料费用	3060						3060
			分配外购动力费用	2700						2700
			分配工资费用		6000					6000
			分配福利费用		840					840
			分配折旧费用			1000				1000
			分配待摊和预提费用				400	200		600
			月计	5760	6840	1000	400	200	1000	15200
			月末分配转出	5760	6840	1000	400	200	1000	15200

②编制“辅助生产费用分配表”，如表 5－23 所示。

表 5－23　辅助生产费用分配表

车间名称：机修车间　　2014 年 5 月

受益单位	修理工时（小时）	分配率（元/小时）	分配金额（元）
基本生产车间	1200		9120
企业管理部门	800		6080
合　计	2000	7.60	15200

根据上表所示填制分配辅助生产费用的记账凭证。

（3）归集和分配制造费用。

①根据有关付款凭证和以上各有关费用分配表，登记“制造费用明细账”，如表5－24所示。

表5－24　制造费用明细账

车间名称：基本车间　　2014年5月　　单位：元

摘　要	机物料消耗	劳保费	水电费	工资及福利费	折旧费	保险费	修理费	其他费用	合计
分配其他费用								3800	3800
分配材料费用	1224	990							2214
分配动力费			900						900
分配工资福利费				3420					3420
分配折旧费					3000				3000
分配待摊和预提费用						800	1500		2300
分配辅助生产费用							9120		9120
合　计	1224	990	900	3420	3000	800	10620	3800	24754
月末分配转出	1224	990	900	3420	3000	800	10620	3800	24754

②根据A、B产品实际生产工时和制造费用明细账归集的费用总额，编制“制造费用分配表”，如表5－25所示。

表5－25　制造费用分配表

车间名称：基本车间　　2014年5月

产品名称	生产工时（小时）	分配率（元/小时）	分配金额（元）
A产品	15000		18565.50
B产品	5000		6188.50
合　计	20000	1.2377	24754

根据上表所示填制制造费用分配的记账凭证。

（4）计算完工产品和在产品成本。

①计算A产品成本。A产品按约当产量法将生产费用在完工产品与在产品间分配。该产品本月耗用的原材料在产品开始时一次性投入，在产品完工程度为50%，本月完工产品600件，月末在产品100件。计算如表5－26所示。

表 5 - 26　产品成本明细账

产品：A 产品　　　　2014 年 5 月　　　　单位：元

成本项目	直接材料	直接人工	制造费用	合　计
月初在产品成本	3400	1600	1000	6000
本月生产费用	58350	31635	18565.5	108550.5
合　计	61750	33235	19565.5	114550.5
完工产品数量（件）	600	600	600	
在产品约当产量（件）	100	50	50	
分配率（元/件）	88.21	51.13	30.1	
完工产品成本	52926	30678	18060	101664
月末在产品成本	8824	2557	1505.5	12886.5

②计算 B 产品成本。B 产品按定额比例法将生产费用在完工产品与在产品间分配。该产品单位产品材料消耗定额 90 元，单位产品工时消耗定额 10 小时。本月产品耗用的原材料在产品开始时一次性投入，在产品完工程度为 50%，本月完工产品 400 件，月末在产品 50 件。计算如表 5 - 27 所示。

表 5 - 27　产品成本明细账

产品：B 产品　　　　2014 年 5 月　　　　单位：元

摘　要	材料定额成本	定额工时	直接材料	直接人工	制造费用	合　计
月初在产品成本			5600	2200	1200	9000
本月生产费用			38490	10545	6188.5	55223.5
合　计			44090	12745	7388.5	64223.5
完工产品数量（件）			400	400	400	
在产品约当产量（件）			50	50	50	
分配率（元/件）			1.09	3	1.74	
完工产品成本	36000	4000	39240	12000	6960	58200
月末在产品成本	4500	250	4850	745	428.5	6023.5

③根据以上各项生产费用分配表，登记“基本生产成本明细账”，如表 5 - 28、表 5 - 29所示。

表 5-28 基本生产成本明细账

产品名称：A 产品　　　　2014 年 5 月

完工产量：600 件　　在产品产量：100 件　　　　单位：元

2014 年 月	日	摘 要	直接材料	直接人工	制造费用	合 计
05	01	月初在产品成本	3400	1600	1000	6000
	31	分配材料费用	40800			40800
	31	分配动力费用	17550			17550
	31	分配工资及福利费用		31635		31635
	31	分配制造费用			18565.5	18565.5
	31	合 计	61750	33235	19565.5	114550.5
	31	结转完工产品成本	52926	30678	18060	101664
	31	月末在产品成本	8824	2557	1505.5	12886.5

表 5-29 基本生产成本明细账

产品名称：B 产品　　　　2014 年 5 月

完工产量：400 件　　在产品产量：50 件　　　　单位：元

2014 年 月	日	摘 要	直接材料	直接人工	制造费用	合 计
05	01	月初在产品成本	5600	2200	1200	9000
	31	分配材料费用	32640			32640
	31	分配动力费用	5850			5850
	31	分配工资及福利费用		10545		10545
	31	分配制造费用			6188.5	6188.5
	31	合 计	44090	12745	7388.5	64223.5
	31	结转完工产品成本	39240	12000	6960	58200
	31	月末在产品成本	4850	745	428.5	6023.5

④根据基本生产成本明细账，编制“完工产品成本汇总表”，如表 5-30 所示。

表 5-30 完工产品成本汇总表

2014 年 5 月　　　　单位：元

产品名称	单位	产量	直接材料	直接人工	制造费用	合 计	单位成本
A 产品	件	600	52926	30678	18060	101664	169.44
B 产品	件	400	39240	12000	6960	58200	145.5
合 计	—	—	92166	42678	25020	159864	—

小结：

产品成本是企业一定时期内为生产一定产品所支出的生产费用。成本费用岗位要对生产经营过程中实际发生的成本、费用进行归集、分配，准确计算产品成本，并进行相应的账务处理。成本费用的归集和分配，主要是对材料费用、外购动力费用、职工薪酬费用、辅助生产费用、制造费用的归集与分配，以及生产费用在完工产品和在产品之间进行合理分配。产品成本的计算，关键是选择适当的产品成本计算方法。为此，必须根据生产特点、管理要求及工艺过程等予以确定。否则，产品成本就会失去真实性，无法进行成本的分析和考核。目前企业常用的产品成本计算方法有品种法、分批法和分步法等，本书主要介绍了品种法。

【技能实训】

资料：某企业下设一个基本生产车间和一个辅助生产车间（机修车间），基本生产车间生产 A、B 两种产品（大批量生产，半成品不对外销售，管理上不计算半成品成本，故采用品种法计算产品成本）。该企业设置了 A、B 两种产品的“基本生产成本明细账”和“辅助生产成本明细账”。“基本生产成本明细账”设置“直接材料”、“直接人工”和“制造费用”三个成本项目，辅助生产车间的制造费用不通过“制造费用”科目核算，发生时直接归集在“辅助生产成本”账户中。

（1）2014 年 5 月生产车间发生如下经济业务。

①基本生产车间领用材料 100 000 元，其中：直接用于 A 产品的甲材料 20 000 元，直接用于 B 产品的乙材料 30 000 元，A、B 产品共同耗用的丙材料 40 000 元（按 A、B 产品的定额消耗量比例进行分配，A 产品定额消耗量为 8 000 公斤，B 产品定额消耗量为 2 000 公斤），车间的机物料消耗性材料 10 000 元；辅助生产车间领用材料 12 000 元；共计 112 000元。

②基本生产车间本月报废低值易耗品一批（劳保用品），实际成本 4 000 元，残料入库，计价 200 元，采用五五摊销法进行核算。

③基本生产车间的工人工资 40 000 元（按 A、B 产品耗用的工时比例进行分配，A、B 产品工时分别为 6 000 小时和 2 000 小时），管理人员工资 8 000 元；辅助生产车间的工人工资 12 000 元，管理人员工资 3 000 元；共计 63 000 元。

④按照工资费用的 14% 计提职工福利费。

⑤基本生产车间月初在用固定资产原值 200 000 元，月末在用固定资产原值 240 000 元；辅助生产车间月初、月末在用固定资产原值均为 80 000 元；按月折旧率 1% 计提折旧。

⑥基本生产车间发生其他货币支出 9 080 元，其中：办公费 2 000 元，差旅费3 000元，运输费 4 080 元；辅助生产车间发生其他货币支出 6 100 元，其中：办公费 1 000 元，差旅费 2 000元，运输费 3 100 元。各项货币支出均为全月汇总金额，并已经以银行存款支付。

（2）本月辅助生产车间共完成修理工时 9 000 小时，其中：为基本生产车间提供8 000 小时，为企业管理部门提供 1 000 小时。该企业辅助生产费用采用直接分配法按工时比例分配。

（3）基本生产车间的制造费用按生产工时比例在 A、B 产品之间进行分配。

（4）月初在产品生产成本：A 产品直接材料费用 32 000 元，直接人工费用 23 800 元，制造费用 33 200 元；B 产品直接材料费用 19 000 元，直接人工费用 7 000 元，制造费用 10 000元。

（5）A 产品本月完工产成品 2 000 件，月末在产品 800 件，完工率为 40%，采用约当产量法分配完工产品和在产品费用，A 产品的原材料在生产开始时一次投入；B 产品本月完工产成品 1 120 件，B 产品各月在产品数量变化不大，生产费用在产成品与在产品之间的分配，采用在产品按固定成本计价法。

要求：

（1）根据以上资料，分配各项费用，编制各种费用分配表。

（2）根据各种费用分配表，编制记账凭证。

（3）根据各种费用分配表和记账凭证，登记各种费用、成本明细账。

（4）分配计算完工产品成本和月末在产品成本。

（5）根据各产品成本明细账登记的完工产品成本，编制产品成本汇总表，并编制结转产品成本的记账凭证。

模块六　筹资与投资核算岗位实训

【知识目标】

1. 了解筹资与投资核算岗位的主要岗位职责。
2. 了解资本的筹集方式。
3. 了解企业筹集资本的主要账务处理。
4. 能够根据企业的发展情况，协助制订企业筹资及投资计划。

【技能目标】

1. 熟悉资本资金会计岗位的基本职能。
2. 熟悉企业筹集资本的财务核算和相关财务手续。
3. 掌握主要的资本筹集方式，了解现代企业筹集资金的主要渠道。
4. 掌握企业筹集资本的账务处理。
5. 掌握投资核算经济业务，并能正确、及时进行账务处理。
6. 能够协助公司制订各项筹资与投资管理计划和制度。

项目1　筹资与投资核算岗位

一、筹资与投资核算岗位概述

（1）企业是以产品生产或其他经营活动为主要业务内容的经济实体，企业要开展各种各样的经济业务活动，必须要拥有一定的资金作为经济基础。资金是企业开展经济业务活动的必要前提，也是企业生存和发展的必要条件。筹资核算岗位是企业根据生产经营情况以及调整资本构成等需要进行合理筹集和管理资金的重要工作。

（2）投资是企业根据投资对象的变现能力及投资目的，以盈利为目的的资本性支出活动。企业要想获取预期的收益，就必须投资。企业进行投资活动的结果是为企业带来各种资产，并构成企业从事生产经营的物质基础。进行科学合理的投资是企业发展壮大的重要工作。

二、筹资与投资核算岗位的主要职责

1. 筹资核算岗位主要职责

(1) 监督投资者是否按企业章程、合同、协议的约定，及时并足额地投入资本金。

(2) 办理有关资本金的核算手续和账务处理。

(3) 监督资本金的增减变化情况，防止盲目抽减资本金。

(4) 合理确定资金需求量，努力提高筹资效率。

(5) 编制资金计划和银行借款计划，适时取得资金来源，保证资金投放需要。

(6) 定期分析所有者权益的变动情况及资本保全状况。

(7) 合理安排资本结构，保持适当的偿债能力。

(8) 协助有关部门进行利润分配方案的制订与管理。

2. 投资核算岗位主要职责

(1) 拟定金融资产管理和核算办法。

(2) 编制投资计划，负责资金调度。

(3) 负责企业各项投资的明细分类核算。

(4) 负责投资收益分析及期末交易性金融资产的公允价值变动调整及出售核算。

(5) 了解相关金融市场的政策和信息，为企业的投资活动提供信息参考。

项目 2　企业筹集资金的核算

在市场经济条件下，企业要开展正常的生产经营活动，必须要有一定的资金，通过多种资金来源渠道筹集资金是企业生产经营的前提条件。企业筹集资金的渠道主要有两条：一是由企业吸收投资者投入的资本金，或者以发行股票方式筹集资金，属于权益资本筹资；二是企业向银行、其他单位或个人等债权人借入资金，以及通过发行债券的方式筹集资金，属于债务资本筹资。

企业筹集资金的核算内容主要有投入资本业务、股票发行、借入资本业务、发行债券、资本公积业务及盈余公积业务等。

一、投入资本业务的核算

企业的投入资本是指企业收到的由股权投资者投入的资本金。企业从股权投资者筹集的资金通常称为实收资本（在股份制企业称为“股本”），构成企业所有者权益的主要部分。

1. 投入资本的分类

我国法律规定，设立企业必须有股权投资者认缴并经工商行政管理部门核准的法定资本金。它是保证企业正常运营的必要条件，也是企业承担今后经营风险的保障。企业的投入资本按投资者主体的不同，一般可分为国家投入资本、法人投入资本、个人投入资本和外商投入资本四类：

（1）国家投入资本，是有权代表国家投资的政府部门或机构，以国有资产投入的资本。

（2）法人投入资本，是其他企业法人以其依法可支配的财产，投入本企业的资本。事业单位和社会团体，以国家允许其用于生产经营的资产向本企业投入的财产，亦属法人投入资本。

（3）个人投入资本，是社会个人或企业内部职工以个人合法财产投入企业的资本。

（4）外商投入资本，是中国境外的法人和个人以其外币、设备、无形资产或其他资产投入的资本。

2. 投入资本的形式及账务处理

投入资本按照投入资产的形式不同，可以分为货币投资、实物投资和无形资产投资等。企业进行投入资本业务的核算，需要设置“实收资本”（在股份制企业称为“股本”）账户。此外，还需要设置“银行存款”、“固定资产”、“无形资产”等账户。

（1）企业接受货币投资时，投资者将作为出资的货币足额存入设立的指定账户，公司按实际收到的货币金额借记“现金”或“银行存款”账户，贷记“实收资本”账户。实际收到的金额超过其在企业注册资本中所占份额的部分，注入资本公积。

（2）企业接受非货币资产投资时，应将非货币资产按投资各方确认的价值入账。企业接受投资者的房屋、建筑物、机器设备等固定资产，应按投资各方确认的价值入账，借记“固定资产”账户；按投资者在企业注册资本中所占的份额，贷记“实收资本”账户；对于投资各方确认的资产价值超过其注册资本中所占份额的部分，贷记“资本公积”账户。

（3）企业接受投资者投入的存货，应按投资各方确认的价值入账（不含可抵扣的增值税进项税额部分），借记“原材料”等账户；按增值税专用发票上注明的增值税税额，借记“应交税费——应交增值税（进项税额）”账户；按投资者投资在注册资本中所占的份额，贷记“实收资本”账户；按其差额，贷记“资本公积”账户。

（4）企业收到以无形资产投入的资本，应按投资各方确认的价值入账，借记“无形资产”账户；按其在注册资本中所占的份额，贷记“实收资本”账户；按各方确认的资产价值超出其在注册资本中所占份额的部分，贷记“资本公积”账户。

【案例导入】

2014 年 3 月 10 日，蓝天贸易有限公司接受碧草贸易有限公司投入资金，相关原始凭证如下：

投资协议书

甲方：蓝天贸易有限公司

乙方：碧草贸易有限公司

根据中华人民共和国法律、法规的相关规定，双方本着互惠互利的原则，经双方协商，甲方蓝天贸易有限公司同意接受乙方碧草贸易有限公司以货币资金人民币300万元及原材料50万元（不含税价）出资，甲方增资后注册资本为1500万元，乙方享有蓝天贸易有限公司注册资本的20%的股权。乙方投资于2014年3月15日前到位。

其他约定（略）

甲方（签章）：蓝天贸易有限公司
法人代表：李董
2014年3月2日

乙方（签章）：碧草贸易有限公司
法人代表：钟华
2014年3月2日

图6－1

银行进账单（收账通知）3

2014年03月10日

出票人	全称	碧草贸易有限公司
出票人	账号	02016866
出票人	开户银行	工商银行白云支行
金额	人民币（小写）	亿 千 百 十 万 千 百 十 元 角 分：¥ 3 0 0 0 0 0 0 0 0
收款人	全称	蓝天贸易有限公司
收款人	账号	02112288
收款人	开户银行	工商银行白云支行
票据种类	支票	票据张数：壹
票据号码	56789123	
		收款人开户行签章

此联是收款人开户银行交给收款人的收账通知

复核　　　　记账

图6－2

广东增值税专用发票
发 票 联

440045678　　　　NO：0024567890

开票日期：2014 年 03 月 10 日

购货单位	名　　称：蓝天贸易有限公司 纳税人识别号：44010319066888A 地 址 、电 话：广州市南江路 86 号 81116668 开户行及账号：工行广州白云支行 0211228	密码区	（略）

货物或应税劳务名称	规格型号	单位	数量	单价	金额	税率	税额
甲材料		千克	20000	25.00	500000.00	17%	85000.00
合　　计					¥500000.00		¥85000.00
价税合计（大写）	⊗伍拾捌万伍仟圆整				（小写）¥585000.00		

销货单位	名　　称：碧草贸易有限公司 纳税人识别号：4401031904321A 地 址 、电 话：广州市南江路 12 号 81000068 开户行及账号：工行广州白云支行 02016866	备注	碧草贸易有限公司 发票专用章

收款人：　　复核：　　开票人：赵小红　　销货单位：（章）

第三联：发票联　购货方记账凭证

图 6－3

广东增值税专用发票
抵 扣 联

440045678　　　　NO：0024567890

开票日期：2014 年 03 月 10 日

购货单位	名　　称：蓝天贸易有限公司 纳税人识别号：44010319066888A 地 址 、电 话：广州市南江路 86 号 81116668 开户行及账号：工行广州白云支行 0211228	密码区	（略）

货物或应税劳务名称	规格型号	单位	数量	单价	金额	税率	税额
甲材料		千克	20000	25.00	500000.00	17%	85000.00
合　　计					¥500000.00		¥85000.00
价税合计（大写）	⊗伍拾捌万伍仟圆整				（小写）¥585000.00		

销货单位	名　　称：碧草贸易有限公司 纳税人识别号：4401031904321A 地 址 、电 话：广州市南江路 12 号 81000068 开户行及账号：工行广州白云支行 02016866	备注	碧草贸易有限公司 发票专用章

收款人：　　复核：　　开票人：赵小红　　销货单位：

第二联：抵扣联　购货方扣税凭证

图 6－4

收料单

2014 年 03 月 10 日　　　　编号：123568

材料类别：原料及主要材料　　　　收料仓库：2 号仓库

供应单位：碧草贸易有限公司　　　　发票号码：NO：0024567890

材料编号	材料名称及规格	计量单位	数量		实际价格			
			应收	实收	单价	发票金额	运杂费	合计
01	甲材料	千克	20000	20000	25.00	500000.00		500000.00
备注栏：投资款								

会计联

主管：张南天　　检验员：王小钢　　会计：赵华　　保管员：李平

图 6－5

业务操作：

会计根据投资协议书，审核货币资金是否足额如期收到银行账户，审核材料收料单验收的材料入库数量、金额与增值税专用发票是否相符；审核各项票据是否符合财经法规和会计工作规范要求，根据审核无误的原始凭证编制如下记账凭证（凭证号：记字第 028 号）（见图6－6），并登记“实收资本”明细账（见图 6－7）：

记　账　凭　证

记字第 028 号

2014 年 03 月 10 日

摘要	总账科目	明细科目	借方金额											贷方金额											√
			亿	千	百	十	万	千	百	十	元	角	分	亿	千	百	十	万	千	百	十	元	角	分	
收到碧草贸易有限公司投资款	银行存款	工行白云支行			3	0	0	0	0	0	0	0	0												□
	原材料	甲材料				5	0	0	0	0	0	0	0												□
	应交税费	应交增值税（进项税额）					8	5	0	0	0	0	0												□
	实收资本	碧草贸易有限公司														3	0	0	0	0	0	0	0	0	□
	资本公积	资本溢价															5	8	5	0	0	0	0	0	□
																									□
合　计				¥	3	5	8	5	0	0	0	0	0		¥	3	5	8	5	0	0	0	0	0	□

附单据 2 张

会计主管：　　记账：　　出纳：　　复核：　　制单：赵华

图 6－6

分页：1 总页：8

实收资本明细账

一级科目：实收资本　　　　二级科目：碧草贸易有限公司

2014年		凭证		摘要	日页	借方											贷方											借或贷	余额										
月	日	种类	号数			亿	千	百	十	万	千	百	十	元	角	分	亿	千	百	十	万	千	百	十	元	角	分		亿	千	百	十	万	千	百	十	元	角	分
03	10	记	028	收到投资款																								贷			3	0	0	0	0	0	0	0	0

图6－7

二、股票发行的核算

股票是股份有限公司为筹集资本时向出资人发行的股份凭证，股东作为持股凭证并借以取得股息和红利的一种有价证券，代表着其持有者（即股东）对股份有限公司的所有权。

股票发行的账务处理：股份有限公司以发行股票方式筹集的资金通过“股本”账户核算，公司发行股票时，在实际收到现金等资产时，借记“现金”、“银行存款”等账户，按照股票面值或者设定价值贷记“股本”科目，按照两者的差额贷记“贷本公积”科目。

【案例导入】

2014年3月1日，宏伟股份有限公司为了扩大生产经营，经批准发行普通股。请根据背景资料编制发行股票的记账凭证（凭证号：记字第031号）。

宏伟股份有限公司董事会决议

宏伟股份有限公司于2014年3月1日在本公司住所召开公司董事会，经出席会议的股东所持表决权的半数以上投票表决，一致通过了以下决议：

本公司于2014年3月1日发行股票1000万股，每股面值为1元。

宏伟股份有限公司

2014年3月1日

图6－8

电子汇划收款 回单

2014 年 03 月 01 日　　　　流水号：20140123456789

付款人	全　称	广信证券股份有限公司	收款人	全　称	宏伟股份有限公司
	账　号	98765432188		账　号	8765432168
	开户行	中行天河支行		开户行	工行北京路支行
金额	（大写）壹仟叁佰陆拾万元整				¥13600000.00
用途	发行股票				

备注：汇划日期：2014 年 3 月 1 日　　汇划流水号：119456
汇出行行号：9876543456　　原凭证种类：5695
原凭证号码：　　原凭证金额：0.00
汇款人地址：
收款人地址：
实际收款人账号：8765432168
实际收款人名称：宏伟股份有限公司

中国银行
天河支行
2014.03.01
转讫
(01)

银行盖章

图 6－9

业务操作：

筹资与投资岗位会计的账务处理流程是审核银行收款原始凭证，以银行收款回单等附件编制记账凭证（凭证号：记字第 031 号）。

记　账　凭　证

记字第 031 号

2014 年 03 月 01 日

摘　要	总账科目	明细科目	借方金额											贷方金额											√
			亿	千	百	十	万	千	百	十	元	角	分	亿	千	百	十	万	千	百	十	元	角	分	
发行股票	银行存款	工行北京路支行		1	3	6	0	0	0	0	0	0	0												□
	股本														1	0	0	0	0	0	0	0	0	0	□
	资本公积	股本溢价														3	6	0	0	0	0	0	0	0	□
																									□
																									□
																									□
合　计			¥	1	3	6	0	0	0	0	0	0	0	¥	1	3	6	0	0	0	0	0	0	0	□

附单据 1 张

会计主管：　　记账：　　出纳：　　复核：　　制单：王小宏

图 6－10

分页：1 总页：5

短期借款明细账

一级科目：短期借款　　　　二级科目：工商银行白云支行

2014年		凭证		摘要	日页	借方											贷方											借或贷	余额										
月	日	种类	号数			亿	千	百	十	万	千	百	十	元	角	分	亿	千	百	十	万	千	百	十	元	角	分		亿	千	百	十	万	千	百	十	元	角	分
03	02	记	008	借入短期借款																								贷				1	0	0	0	0	0	0	0

图 6－13

3 月 31 日计提短期借款应付利息，原始凭证见图 6－14。

应付利息计算表

2014 年 03 月 31 日

贷款银行	借款种类	本金	年利率	利息额
工商银行白云支行	短期借款	100000.00	6%	500.00

审核：张南天　　　　制单：赵华

图 6－14

编制记账凭证（凭证号：记字第 128 号）。

记 账 凭 证

记字第 128 号

2014 年 03 月 31 日

摘要	总账科目	明细科目	借方金额	贷方金额	√
计提短期借款利息	财务费用	利息	50000		□
	应付利息			50000	□
					□
					□
					□
					□
合计			¥50000	¥50000	□

附单据 1 张

会计主管： 记账： 出纳： 复核： 制单：赵华

图 6－15

4 月 2 日支付银行贷款利息，原始凭证见图 6－16。

贷款利息单

2014 年 04 月 02 日

币别：人民币 单位：元

户名：蓝天贸易有限公司			账号：02112288		
计息项目	起息日	结息日	本金（积数）	年利率	利息金额
短期借款	2014. 03. 02	2014. 04. 02	100000. 00	6%	500. 00
合计	大写：人民币伍佰元整				¥500. 00
上列款项已从你单位往来户如数支付。			工商银行白云支行 2014.04.03 转讫 银行签章		

第二联：客户回单

图 6－16

编制记账凭证（见图6－17）。

记 账 凭 证

记字第006号

2014年04月03日

摘要	总账科目	明细科目	借方金额	贷方金额	√
支付短期借款利息	应付利息	工商银行白云支行	50000		□
	银行存款	工商银行白云支行		50000	□
					□
					□
					□
					□
合计			¥50000	¥50000	□

附单据1张

会计主管： 记账： 出纳： 复核： 制单：赵华

图6－17

6月2日支付银行短期贷款本金及最后一期利息，原始凭证见图6－18。

（流动资金贷款）还款凭证（付款通知）④

2014年06月02日 第002012345号

还款人	全称	蓝天贸易有限公司	贷款人	全称	蓝天贸易有限公司
	账号	02112288		账号	020123456788
	开户银行	工行广州白云支行		开户银行	工行广州白云支行
金额	人民币（大写）壹拾万零伍佰元整			亿千百十万千百十元角分	¥10050000
上述还贷款项我行已收妥。 工商银行白云支行 2014 06 03 转讫 银行业务签章			收回20140302发放，20140602到期的贷款 收回本金：¥100000.00 利息：¥500.00		

此联是债务还贷回单

图6－18

编制记账凭证（见图6－19）。

记 账 凭 证

记字第024号

2014年06月03日

摘要	总账科目	明细科目	借方金额											贷方金额											√
			亿	千	百	十	万	千	百	十	元	角	分	亿	千	百	十	万	千	百	十	元	角	分	
支付短期借款利息和本金	短期借款	工行白云支行				1	0	0	0	0	0	0	0												□
	应付利息	工行白云支行							5	0	0	0	0												□
	银行存款	工行白云支行															1	0	0	5	0	0	0	0	□
																									□
																									□
																									□
合计					¥	1	0	0	5	0	0	0	0			¥	1	0	0	5	0	0	0	0	□

附单据1张

会计主管：　　记账：　　出纳：　　复核：　　制单：赵华

图6－19

四、发行债券的核算

债券是一种有价证券，是企业等经济主体为筹集资金而向债券投资人出具的，承诺按照一定的利率定期支付利息和到期偿还本金的债券债务凭证，债券发行分为面值发行、溢价发行和折价发行三种情况，企业应设置“应付债券”科目，并在该科目下设置“面值”、“利息调整”、“应计利息”等明细科目，用于核算应付债券发行、计提利息、还本付息等情况。

（1）发行一般债券。无论是按面值发行，还是溢价发行或折价发行，均按债券面值计入“应付债券”科目的“面值”科目，实际收到的款项与面值的差额，计入“利息调整”明细科目。借：银行存款，贷：应付债券——面值，借或贷：应付债券——利息调整。

（2）发行可转换债券。发行可转换债券，应当在初始确认时将其包含的负债成分和权益成分进行分拆，将负债成分确认为应付债券，将权益成分确认为资本公积。负债成分的初始确认金额是负债成分的未来现金流量现值，权益成分的初始确认金额是发行价格总额扣除负债成分后的金额。直接上分录：借：银行存款，贷：应付债券——可转换公司债券（面值）；（负债成分）资本公积——其他资本公积（权益成分），借或贷：应付债券——可转换债券（利息调整）（差额）。

【案例导入】

2014年1月1日，宏伟股份有限公司经批准发行债券，采用实际利率法确认利息费用。请根据背景资料编制记账凭证（凭证号：记字第028号）（债券所筹集资金全部用于新生产线的购置，该生产线于2014年6月30日完工交付使用；实际利率为4%）。

宏伟股份有限公司董事会决议

我司于2014年1月1日在本公司总部召开公司董事会，所作出决议经出席会议的股东所持表决权的半数以上通过。经认真审议研究，全体参会董事投票表决，一致通过了以下决议：为解决本公司新生产线建设所需资金，经中国证券监督管理委员会批准，发行债券20万张，面值为100元，期限为2年，年利率为3%，每年6月30日及12月30日计提利息，次日付息。

宏伟股份有限公司

2014年01月01日

图6-20

电子汇划收款 回单

2014年01月01日　　　　流水号：20140123456789

付款人	全　称	广信证券股份有限公司	收款人	全　称	宏伟股份有限公司
	账　号	97865432188		账　号	8765432168
	开户行	中行天河支行		开户行	工行北京路支行
金额	（大写）壹仟玖佰陆拾壹万玖仟贰佰元整				¥19619200.00
用途	发行债券				

备注：汇划日期：2014年1月1日　　汇划流水号：119123
汇出行行号：9876543210　　原凭证种类：7895
原凭证号码：　　原凭证金额：0.00
汇款人地址：
收款人地址：
实际收款人账号：8765432168
实际收款人名称：宏伟股份有限公司

中国银行
天河支行
2014.01.01
转讫
(01)

银行盖章

图6-21

业务操作：

筹资与投资岗位会计的账务处理流程是审核银行收款原始凭证，以银行收款回单等附件编制记账凭证（凭证号：记字第028号），并登记应付债券（面值）、应付债券（利息调整）明细账簿。

记 账 凭 证

记字第 028 号

2014 年 01 月 01 日

摘要	总账科目	明细科目	借方金额（亿千百十万千百十元角分）	贷方金额（亿千百十万千百十元角分）	√
发行债券收入	银行存款	工商银行北京路支行	1961920000		□
	应付债券	利息调整	38080000		□
	应付债券	面值		2000000000	□
					□
					□
					□
合计			¥2000000000	¥2000000000	□

附单据 1 张

会计主管：　　记账：　　出纳：　　复核：　　制单：王小宏

图 6－22

分页：1　总页：19

应付债券明细账

一级科目：应付债券　　二级科目：面值

2014 年 月	日	凭证 种类	号数	摘要	日页	借方（亿千百十万千百十元角分）	贷方（亿千百十万千百十元角分）	借或贷	余额（亿千百十万千百十元角分）
				上年结转				平	000
01	01	记	028	发行债券收入			2000000000	贷	2000000000

图 6－23

分页：3 总页：16

应付债券明细账

一级科目：应付债券　　　　二级科目：利息调整

2014年 月	日	凭证 种类	号数	摘要	日页	借方（亿千百十万千百十元角分）	贷方（亿千百十万千百十元角分）	借或贷	余额（亿千百十万千百十元角分）
				上年结转				平	000
01	01	记	028	发行债券收入		38080000		借	38080000

图 6－24

2014 年 6 月 30 日，宏伟股份有限公司计提上半年债券利息，编制记账凭证（凭证号：记字第 298 号），见图 6－25。

记 账 凭 证

记字第 298 号

2014 年 06 月 30 日

摘要	总账科目	明细科目	借方金额（亿千百十万千百十元角分）	贷方金额（亿千百十万千百十元角分）	√
计提债券上半年利息	在建工程	利息费用	39238400		□
	应付利息			30000000	□
	应付债券	利息调整		9238400	□
					□
					□
					□
合计			¥39238400	¥39238400	□

附单据　张

会计主管：　　记账：　　出纳：　　复核：　　制单：王小宏

图 6－25

2014 年 7 月 1 日，宏伟股份有限公司支付债券上半年利息。根据背景资料编制记账凭证（凭证号：记字第 013 号）。

业务操作：

筹资与投资岗位会计审核银行付款转账原始凭证，以支票存根、银行回单等附件编制记账凭证（凭证号：记字第028号），见图6-26。

中国工商银行
支票存根

6789012

34568

附加信息

出票日期 2014年7月1日

收款人：	广信债券股份有限公司
金　额：	¥300000.00
用　途：	支付债券利息

单位主管　　会计 王小宏

图6-26

银行进账单（回单）　1

2014年07月01日　　YT12345688

付款人	全称	宏伟股份有限公司	收款人	全称	广信债券股份有限公司
	账号	8765432168		账号	98765432188
	开户银行	工商银行北京路支行		开户银行	中国银行天河支行

金额	人民币（大写）：叁拾万元整	亿	千	百	十	万	千	百	十	元	角	分
				¥	3	0	0	0	0	0	0	0

票据种类	支票	票据张数	壹
票据号码	34568		

复核　　记账

工商银行北京路支行 2014.07.01 业务受理章 (01)

开户银行盖章

此联是开户银行交给持票人的回单

图6-27

记 账 凭 证

记字第013号

2014年07月01日

摘要	总账科目	明细科目	借方金额（亿千百十万千百十元角分）	贷方金额（亿千百十万千百十元角分）	√
支付债券上半年利息	应付利息		30000000		□
	银行存款	工商银行北京路支行		30000000	□
					□
					□
					□
					□
合计			¥3000000	¥30000000	□

附单据2张

会计主管：　　记账：　　出纳：　　复核：　　制单：王小宏

图6-28

五、资本公积业务的核算

资本公积是指企业在经营过程中由于接受捐赠资产、股本溢价以及法定财产重估增值等原因所形成的公积金。资本公积是与企业收益无关而与资本相关的款项，资本公积是指投资者或者他人投入到企业的所有权归属于投资者，并且投入金额上超过法定资本部分的资本。

资本公积的内容主要包括资本溢价、接受捐赠资产、股权投资准备、拨款转入、外币资本折算差额、关联交易差价以及其他资本公积等。

（1）资本溢价，是指投资者缴付企业的出资额大于其在企业注册资本中所拥有份额的数额。对于一般企业（如有限责任公司等），在收到投资者投入的资金时，按实际收到金额或投资各方确认的价值，借记“银行存款”、“固定资产”等账户；按其在注册资本中所占的份额，贷记“实收资本”账户；按其差额，贷记“资本公积——资本溢价”账户。

（2）接受捐赠资产，企业接受捐赠增加的资产并非由企业的经营活动所获得的经济利益，不属于收益性质，不应作为收益确认。由于捐赠资产的所有权已经转移，捐赠人不是企业的所有者，不能参与企业的经营决策和收益分配，捐赠资产不构成企业的实收资本。因此，企业会计制度将接受捐赠资产的业务纳入资本公积核算。

（3）股权投资准备，是指企业对被投资单位的长期股权投资采用权益法核算时，因被投资单位接受捐赠等原因增加的资本公积，从而导致投资企业按其持股比例计算应增加的资本公积。

（4）拨款转入，是指企业收到国家拨入的专门用于技术改造、技术研究等的拨款项目完成后，按规定转入资本公积的部分。

（5）外币资本折算差额，是指企业接受外币资本投资时因所采用的汇率不同而产生的资本折算差额，即在收到外币资本当日的市场汇率与投资合同或协议约定的外币折算汇率不一致的情况下，按收到外币资本当日的市场汇率折算为资产入账的捐赠，与其在按照约定的汇率折算为实收资本入账的价值的差额。

（6）关联交易差价，是指上市公司与关联方之间显失公允的关联交易所形成的差价。

（7）其他资本公积，是指除上述各项资本公积以外所形成的资本公积（如企业无法归还的应付账款等），以及从资本公积各准备项目转入的金额。

资本公积用于转增资本时，在办理增资手续后，借记“资本公积”账户，贷记“实收资本”账户。资本公积有两个用途，一是转增为公司注册资本，二是扩大公司的生产经营规模。

【案例导入】

2014 年 3 月 31 日，宏图实业有限公司为了扩大经营规模，经股东大会决议，按照原出资比例将资本公积 100 万元转增资本，并办妥相关手续。请根据相关原始凭证作会计处理：

宏图实业有限公司

办字第 009 号文件

关于将资本公积转增资本的决议

为扩大公司生产和经营规模，经公司股东大会研究决定，同意将资本公积 100 万元转增为资本。股东按照原出资比例享有转增的资本。截至 2014 年 3 月 31 日，股东科成工业贸易有限公司出资 300 万元，占公司原注册资本 500 万元的 60%；股东创世纪实业有限公司出资 200 万元，占公司原注册资本 500 万元的 40%。转增后，公司的实收资本增加为 600 万元。

宏图实业有限公司

2014 年 3 月 31 日

图 6－29

收 料 单

供货单位：大地贸易有限公司　　　　　　　　　　　　　　　　　　材料类别：原材料
发票号码：NO：023339668　　　　　2014 年 03 月 10 日　　　　　　材料仓：3 号

材料名称	单位	数量		实际成本											
		应收	实收	单价	发票价格	运费	合计								
							百	十	万	千	百	十	元	角	分
甲材料	千克		1000	200	200000		¥	2	0	0	0	0	0	0	0
备注：					附单据：										

验收：张晓华　　　　　　　　　　　　　　　　　　　　　　制单：李平

图 6－33

（3）2014 年 3 月 1 日，蓝天贸易有限公司从银行取得为期 9 个月的借款，请根据相关原始凭证作会计处理。

贷款凭证（3）（收账通知）　　　　3

2014 年 03 月 01 日

贷款单位	蓝天贸易有限公司	种类	短期	贷款户账号	建行广州白云支行 02112288								
金额	人民币（大写）叁拾万元整	千	百	十	万	千	百	十	元	角	分		
			¥	3	0	0	0	0	0	0	0		
用途	流动资金借款	单位申请期限	自 2014 年 3 月 1 日至 2014 年 12 月 1 日										
		银行核定日期	自 2014 年 3 月 1 日至 2014 年 12 月 1 日										
上述贷款已核准发放贷款。 并已划入你单位账户。 月利率 0.72% 2014 年 3 月 1 日 银行签章（略）			单位会计分录 收入 付出 复核　　　　记账 主管　　　　会计										

图 6－34

（4）2014 年 3 月 31 日，蓝天贸易有限公司为了扩大经营规模，经股东大会决议，按照原出资比例将资本公积 1 000 000. 00 元转增资本，并办妥相关手续。请根据相关原始凭证作会计处理。

蓝天贸易有限公司

办字第08号文件

关于将资本公积转增资本的决议

经公司股东大会研究决定，将资本公积1000000.00元转增资本。

蓝天贸易有限公司

2014年3月31日

图6－35

（5）2014年3月31日，蓝天贸易有限公司董事会研究决定，将盈余公积300 000.00元转增资本，请根据相关原始凭证作会计处理。

蓝天贸易有限公司

办字第09号文件

关于将盈余公积转增资本的决议

经董事会研究决定，将盈余公积300000.00元转增资本。

蓝天贸易有限公司

2014年3月31日

图6－36

（6）2014年3月31日，蓝天贸易有限公司经股东大会批准，同意以法定盈余公积200 000.00元弥补以前年度亏损，请根据相关原始凭证作会计处理。

蓝天贸易有限公司
办字第10号文件
关于用盈余公积弥补亏损的决议

经董事会研究决定，将盈余公积200000.00元弥补以前年度亏损。

蓝天贸易有限公司
2014年3月31日

图6－37

（7）2014年3月31日，蓝天贸易有限公司分配净利润，请根据相关原始凭证作会计处理。

蓝天贸易有限公司股东大会决议

2014年3月31日召开股东大会，会议符合《公司法》和《公司章程》的规定。大会按照会议议程审议通过了以下议案：

一、审议并通过了《关于〈2014年年度报告〉及摘要的议案》；

二、审议并通过了《关于〈2014年度董事会工作报告〉的议案》；

三、审议并通过了《关于〈2014年度财务预算报告〉的议案》；

四、审议并通过了《关于〈2014年度财务决算报告〉的议案》；

五、审议并通过了《关于2014年度利润分配预案的议案》：公司税后利润为280万元，按净利润的10%提取法定盈余公积，按净利润的10%提取任意盈余公积，按净利润的30%向投资者分配利润。

蓝天贸易有限公司
2014年3月31日

图6－38

项目3 企业投资核算岗位

投资是指企业通过分配来增加财富，或为谋求其他利益而将资产投入到其他单位，以获取经济回报的商业行为。投资可分为实物投资、资本投资和证券投资。前者是企业为扩大再生产，以购建固定资产、无形资产等方式形成直接对内投资，后者是以货币购买企业发行的股票和公司债券的方式进行对外投资，间接参与企业的利润分配。本章节只介绍企业的对外投资，即交易性金融资产的核算。

一、交易性金融资产概述

交易性金融资产主要是指企业为了近期内出售而持有的金融资产，以赚取差价为目的从债券市场购入的股票、债券、基金等。企业应设置“交易性金融资产”科目，并按照交易性金融资产的类别和品种，分别对“成本”、“公允价值变动”进行明细核算，“公允价值变动损益”科目核算企业交易性金融资产等公允价值变动而形成的应计入当期损益的利得或损失。本科目期末借方余额反映企业期末持有的交易性金融资产的公允价值。

二、交易性金融资产的账务处理

（1）取得交易性金融资产时，应当按照该金融资产取得时的公允价值作为其初始确认金额；发生的相关交易费用计入当期损益，取得交易性金融资产所支付价款中包含了已宣告但尚未发放的现金股利或已到付息期但尚未领取的债券利息的，应当单独确认为应收款项，会计处理为：借记“交易性金融资产——成本”科目。按交易发生的费用，借记“投资收益”科目；按已宣告但尚未发放的现金股利或已到付息期但尚未领取的利息，借记“应收股利”或“应收利息”科目。

（2）持有期间，应确认持有期间享有的股利或利息，借记“应收股利”或“应收利息”科目，贷记“投资收益”科目。收到现金股利或者债券利息时，借记“银行存款”科目，贷记“应收股利”或“应收利息”科目。

（3）资产负债表日如果交易性金融资产的公允价值大于账面余额，借记“交易性金融资产——公允价值变动”科目，贷记“公允价值变动损益”科目；如果资产负债表日公允价值小于账面余额，则借记“公允价值变动损益”科目，贷记“交易性金融资产——公允价值变动”科目。

（4）出售交易性金融资产时，应按实际收到的金额，借记“银行存款”等科目，按该项交易性金融资产的成本，贷记“交易性金融资产——成本”科目，按该项交易性金融资产的公允价值变动，贷或借记“交易性金融资产——公允价值变动”科目，按差额，贷或借记“投资收益”科目，同时，将原来计入该项交易性金融资产的公允价值变动转出，借或贷记“公允价值变动损益”科目，贷或借记“投资收益”科目。

【案例导入】

（1）2014 年 3 月 9 日，宏伟股份有限公司购入宏大股份有限公司发行的股票（每股价格中包含已宣告但尚未发放的现金股利 0.50 元）。持有该公司股权后无重大影响，宏伟股份有限公司将其划为交易性金融资产，请根据背景资料编制购买股票时的记账凭证（凭证号：记字第 058 号）。

广信证券北京路营业部

2014 年 03 月 09 日　人民币　成交过户交割单　［买入］

公司代码：1234	申请编号：4321
证券账号：98765432	证券名称：宏大股份
资金账号：2345678	成交数量：200000
股东名称：宏伟股份有限公司	成交价格：10.50
申报时间：10：10：28	成交金额：2100000.00
成交时间：14：38：10	佣金：4200.00
上次余额：3000000.00	印花税：
实际收付：－2104200.00	过户费：0.00
资金余额：895800.00	委托费：0.00
股票余额：300000	其他费用：0.00
打印日期：2014 年 3 月 9 日	备注：
经办单位：广信证券	客户签章：李华

广信证券股份有限公司 业务专用章

图 6－39

业务操作：

筹资与投资岗位会计的账务处理流程是审核证券交易原始凭证，以证券交易对账单等附件编制记账凭证（凭证号：记字第 058 号）。

记 账 凭 证

记字第 058 号

2014 年 03 月 09 日

摘要	总账科目	明细科目	借方金额（亿千百十万千百十元角分）	贷方金额（亿千百十万千百十元角分）	√
购买股票	交易性金融资产	成本	200000000		□
	应收股利	宏大股份有限公司	10000000		□
	投资收益		420000		□
	其他货币资金	存出投资款		210420000	□
					□
					□
合计			¥210420000	¥210420000	□

附单据 1 张

会计主管： 记账： 出纳： 复核： 制单：王小宏

图 6－40

（2）接上题，2014 年 3 月 28 日，宏伟股份有限公司收到股利。请根据背景资料编制记账凭证及登记应收股利明细账（凭证号：记字第 123 号），如图 6－41 所示。

电子汇划收款 回单

2014 年 03 月 28 日 流水号：20140123456790

付款人	全称	广信证券股份有限公司	收款人	全称	宏伟股份有限公司
	账号	97865432188		账号	8765432168
	开户行	中国银行天河支行		开户行	工商银行北京路支行
金额	（大写）壹拾万元整				¥100000.00
用途	收到股利				

备注：汇划日期：2014 年 3 月 28 日　　汇划流水号：119456
汇出行行号：9876543456　　原凭证种类：5695
原凭证号码：　　原凭证金额：0.00
汇款人地址：
收款人地址：
实际收款人账号：8765432168
实际收款人名称：宏伟股份有限公司

工商银行北京路支行 2014.03.28 转讫 (01)

银行盖章

图 6－41

记　账　凭　证

记字第 123 号

2014 年 03 月 28 日

摘　要	总账科目	明细科目	借方金额											贷方金额											√
			亿	千	百	十	万	千	百	十	元	角	分	亿	千	百	十	万	千	百	十	元	角	分	
收到宏大股份有限公司现金股利	其他货币资金	存出投资款				1	0	0	0	0	0	0	0												□
	应收股利	宏大股份有限公司															1	0	0	0	0	0	0	0	□
																									□
																									□
																									□
																									□
合　计					¥	1	0	0	0	0	0	0	0			¥	1	0	0	0	0	0	0	0	□

附单据 1 张

会计主管：　　记账：　　出纳：　　复核：　　制单：王小宏

图 6－42

分页：2　总页：16

应收股利明细账

一级科目：应收股利　　二级科目：宏大股份有限公司

2014 年		凭证		摘　要	日页	借方											贷方											借或贷	余额										
月	日	种类	号数			亿	千	百	十	万	千	百	十	元	角	分	亿	千	百	十	万	千	百	十	元	角	分		亿	千	百	十	万	千	百	十	元	角	分
03	01			承前页																								平									0	0	0
03	09	记	058	购买股票					1	0	0	0	0	0	0	0												借				1	0	0	0	0	0	0	0
03	28	记	123	收到宏大股份的现金股利																1	0	0	0	0	0	0	0	平									0	0	0

图 6－43

【技能实训】

根据案例导入的宏伟股份有限公司的相关信息继续完成实训。

（1）2014 年 3 月 29 日，宏大股份有限公司的股票价格上涨到 12 元/股。请编制宏伟股份有限公司确认股票价格变动时的记账凭证（凭证号：记字第 158 号）。

记 账 凭 证

字第　　号

年　月　日

摘　要	总账科目	明细科目	借方金额										贷方金额										√
			亿	千	百	十	万	千	百	十	元	角	分	亿	千	百	十	万	千	百	十	元	角	分	
																						□
																						□
																						□
																						□
																						□
																						□
合　计																						□

附单据　张

会计主管：　　记账：　　出纳：　　复核：　　制单：

图 6－44

（2）2014 年 3 月 31 日，宏伟股份有限公司出售股票。请根据背景资料编制出售股票时的记账凭证（凭证号：记字第 182 号）。

广信证券北京路营业部

2014 年 03 月 31 日　人民币　　成交过户交割单　　［卖出］

公司代码：1234　　申请编号：4321

证券账号：98765432　　证券名称：宏大股份

资金账号：2345678　　成交数量：200000

股东名称：宏伟股份有限公司　　成交价格：14.00

申报时间：10：40：23　　成交金额：2800000.00

成交时间：14：20：10　　佣金：5600.00

上次余额：895800.00　　印花税：2800.00

实际收付：2791600.00　　过户费：0.00

资金余额：3687400.00　　委托费：0.00

股票余额：100000　　其他费用：0.00

打印日期：2014 年 3 月 31 日　　备注：

经办单位：广信证券　　客户签章：李华

图 6－45

记 账 凭 证

字第 号

年 月 日

摘要	总账科目	明细科目	借方金额											贷方金额											√
			亿	千	百	十	万	千	百	十	元	角	分	亿	千	百	十	万	千	百	十	元	角	分	
																									□
																									□
																									□
																									□
																									□
																									□
	合计																								□

附单据 张

会计主管： 记账： 出纳： 复核： 制单：

图 6－46

（3）根据案例导入（1）及技能实训（2）两题信息，完成登记交易性金融资产（成本）明细账簿。

分页：1 总页： 16

交易性金融资产明细账

一级科目：交易性金融资产 二级科目：成本

2014年		凭证		摘要	日页	借方											贷方											借或贷	余额										
月	日	种类	号数			亿	千	百	十	万	千	百	十	元	角	分	亿	千	百	十	万	千	百	十	元	角	分		亿	千	百	十	万	千	百	十	元	角	分
03	01			承前页																								平									0	0	0

图 6－47

（4）根据技能实训（1）及（2）两题信息，完成登记交易性金融资产（公允价值变动）明细账簿。

分页：1 总页：16

交易性金融资产明细账

一级科目：交易性金融资产　　　　二级科目：公允价值变动

2014年		凭证		摘要	日页	借方											贷方											借或贷	余额										
月	日	种类	号数			亿	千	百	十	万	千	百	十	元	角	分	亿	千	百	十	万	千	百	十	元	角	分		亿	千	百	十	万	千	百	十	元	角	分
03	01			承前页																								平									0	0	0

图6－48

模块七　财务成果岗位实训

【知识目标】

1. 掌握销售收入、成本的确认及计量。
2. 掌握业务收支的核算方法。
3. 掌握期间损益结转分录编制方法。
4. 掌握净利润的核算方法。
5. 理解并掌握利润分配的核算方法。

【技能目标】

1. 审核采购凭证、费用发票，熟练开具销售发票。
2. 正确计算发货成本，结转销售成本。
3. 准确计算企业利润。
4. 熟练计算营业税金及附加、所得税。
5. 熟练编制对应的会计分录并填制凭证。

项目 1　熟悉财务成果核算的主要工作

财务成果是指企业生产经营活动的最终成果，通常用企业各项收入抵补各项支出后的差额来反映，表现为盈利或亏损。当收入大于费用支出时，表现为企业实现的利润，当收入小于费用支出时，表现为企业发生的亏损。利润（或亏损）是企业最终的财务成果，它是反映企业工作质量的一项综合指标，是评价企业经济效益优劣的重要标志。企业的收入，广义地讲不仅包括营业收入，还包括营业外收入；企业的费用，广义地讲不仅包括为取得营业收入而发生的各种耗费，还包括营业外支出和所得税。

一、销售收入、成本的确认及计量

表 7－1

销售方式	确认销售收入，结转销售成本的条件	账务处理
普通销售	1. 现金销售：收款，发出商品，发票、提单交给买方 2. 赊销：取得收入的凭据，发出商品，发票、提单交给买方（包括提供现金折扣的赊销） 3. 预收款：发出商品，发票、提单交给买方	确认收入时： 借：银行存款/应收账款/预收账款 贷：主营业务收入 应交税费——应交增值税（销项税额） 结转销售成本： 借：主营业务成本 贷：库存商品
分期收款	发出商品，发票、提单交给买方，按照合同或协议的价款确认收入	确认收入时： 借：长期应收款 贷：主营业务收入 应交税费——应交增值税（销项税额） 未确认融资收益 结转销售成本： 借：主营业务成本 贷：库存商品
托收承付	发出商品，发票、提单提交银行办理托收手续	确认收入时： 借：应收账款 贷：主营业务收入 应交税费——应交增值税（销项税额） 结转销售成本： 借：主营业务成本 贷：库存商品

【案例导入】

2014 年 12 月 9 日蓝天贸易有限公司向碧草贸易有限公司销售甲产品一批，价款 200 000.00元尚未支付。

广东增值税专用发票

4400058661　　　　发　票　联　　　　NO：80143210

开票日期：2014 年 12 月 09 日

购货单位	名　　　称：碧草贸易有限公司 纳税人识别号：44010319012345A 地 址 、电 话：广州市越秀路 98 号 87366888 开户行及账号：建行广州越秀路支行 02116699	密码区	（略）

货物或应税劳务名称	规格型号	单位	数量	单价	金额	税率	税额
甲产品		件	200	1000	200000.00	17%	34000.00
合　　计					¥200000.00		¥34000.00
价税合计（大写）	⊗贰拾叁万肆仟圆整				（小写）¥234000.00		

销货单位	名　　　称：蓝天贸易有限公司 纳税人识别号：44010319066888A 地 址 、电 话：广州市南江路 86 号 81116668 开户行及账号：建行广州白云支行 02112288	备注	蓝天贸易有限公司 44010319066888A 发票专用章

收款人：　　　　复核：李雷　　　开票人：张　华　　　　销货单位：

第一联：记账联　销货方记账凭证

图 7－1

案例解析：

蓝天贸易有限公司销售甲产品给碧草贸易有限公司，并根据售价开出销售发票，因为购销双方均为增值税一般纳税人，开具的是价税分离的增值税专用发票；另外，因为没有收到对方付款的票据，因此根据以上情况可知该业务会导致蓝天贸易有限公司的“主营业务收入”增加 200 000 元的收入，并应向碧草贸易有限公司收取增值税（销项税额）34 000元，合计应收回“应收账款”234 000 元，编制的记账凭证如下：

记 账 凭 证

记字第068号

2014年12月09日

摘要	总账科目	明细科目	借方金额											贷方金额											√
			亿	千	百	十	万	千	百	十	元	角	分	亿	千	百	十	万	千	百	十	元	角	分	
销售产品，款未收	应收账款	碧草贸易有限公司				2	3	4	0	0	0	0	0												□
	主营业务收入																2	0	0	0	0	0	0	0	□
	应交税费	应交增值税（销项税额）																3	4	0	0	0	0	0	□
																									□
																									□
																									□
合计					¥	2	3	4	0	0	0	0	0			¥	2	3	4	0	0	0	0	0	□

附单据1张

会计主管：　　记账：　　出纳：　　复核：　　制单：蓝小云

图7-2

二、其他业务收入、其他业务支出、营业外收入、营业外支出、营业税金及附加的核算

企业通过供、产、销过程取得的产品销售利润，还不是企业的最终财务成果。企业在生产经营过程中，由于种种原因，还会发生一些其他收支业务，同属利润的组成部分。

（1）“其他业务收入”账户。该账户属损益类账户，用于核算企业从事其他业务经营所获得的收入。取得各项收入时，记贷方；月末转入“本年利润”账户时，记借方；结转后本账户无余额。其明细账可按收入种类设置。

（2）“其他业务支出”账户。该账户属损益类账户，用于核算企业为取得其他业务收入而发生的相应支出。发生各项支出时，记借方；月末转入“本年利润”账户时，记贷方；结转后本账户无余额。其明细账可按支出项目设置。

（3）“营业外收入”账户。该账户属损益类账户，用于核算企业发生的与经营业务无关的各项收入。取得各项收入时，记贷方；月末转入“本年利润”账户时，记借方；结转后本账户无余额。本账户可按营业外收入的内容设明细账户。

（4）“营业外支出”账户。该账户属损益类账户，用于核算企业发生的与经营业务无关的各项支出。发生各项支出时，记借方；月末转入“本年利润”账户时，记贷方；结转后本账户无余额。本账户可按营业外支出的内容设明细账户。

（5）“营业税金及附加”账户。本科目核算企业经营活动发生的营业税、消费税、城市维护建设税、资源税和教育费附加等相关税费。营业税金及附加，在月末时需要结转入“本年利润”科目，借记“本年利润”科目，贷记本科目。期末，应将本科目余额转入

“本年利润”科目，结转后本科目无余额。

三、期间费用的核算

（1）“销售费用”账户。该账户属损益类账户，用于核算销售商品（或提供劳务）过程中发生的各种费用。销售费用通常包括保险费、包装费、商品维修费、运输费、装卸费、展览费和广告费等。“销售费用”账户借方登记小企业在销售商品过程中发生的包装费、保险费、展览费和广告费、商品维修费、运输费、装卸费等。发生销售费用时，借记“销售费用”账户，贷记“库存现金”、“银行存款”等账户。月末转入“本年利润”账户时，记贷方；结转后本账户无余额。其明细账可按费用项目设置。

【案例导入】

2014 年 12 月 7 日，蓝天贸易有限公司以支票支付产品运输费 1 000 元，增值税 110 元，企业以支票存根和营运部门运输发票为依据，作会计分录如下：

货物运输业增值税专用发票

4400081234　　　　NO：0227198765

开票日期：2014 年 12 月 07 日

承运人及纳税人识别号	广州市白云运输有限公司 440012345687979			密码区	（略）			
实际受票方及纳税人识别号	蓝天贸易有限公司 440014856479849646							
收货人及纳税人识别号	碧草贸易有限公司 440054894821564968			发货人及纳税人识别号	蓝天贸易有限公司 440014856479849646			
起运地、经由、到达地	广州市越秀区到广州市白云区							
费用项目及金额	费用项目　金额 运输费　1000.00			运输货物信息	甲产品			
合计金额	¥1110.00	税率	11%	税额	¥110.00	机器编号	略	
价税合计（大写）	⊗壹仟壹佰壹拾圆整			（小写）¥1110.00				
车种车号		车船吨位						
主管税务机关及代码	略			备注				

第二联：发票联　受票方记账凭证

收款人：　复核：赵　华　开票人：林　莉　承运人：

广州市白云运输有限公司 440012345687979 发票专用章

图 7－3

中国工商银行 **支票存根** 8876566 2456798
附加信息
出票日期 2014 年 12 月 7 日
收 款 人：广州市白云运输有限公司
金　　额：¥1110.00
用　　途：支付运输费
单位主管　　　会计 略

图 7－4

案例解析：

蓝天贸易有限公司以“包邮”的方式销售货物给碧草贸易有限公司，因此运输费支出形成蓝天贸易有限公司的销售费用。

记　账　凭　证

记字第 029 号

2014 年 12 月 07 日

摘　要	总账科目	明细科目	借方金额											贷方金额											√
			亿	千	百	十	万	千	百	十	元	角	分	亿	千	百	十	万	千	百	十	元	角	分	
支付销售费用	销售费用	运输费						1	0	0	0	0	0												□
	应交税费	应交增值税（进项税额）							1	1	0	0	0												□
	银行存款																		1	1	1	0	0	0	□
																									□
																									□
合　计							¥	1	1	1	0	0	0					¥	1	1	1	0	0	0	□

附单据 2 张

会计主管：　　记账：　　出纳：　　复核：　　制单：蓝小云

图 7－5

（2）“管理费用”账户。该账户属于损益类账户。借方登记行政管理部门人员的职工薪酬、行政管理部门计提的固定资产折旧和发生的修理费、办公费、水电费、业务招待费、聘请中介机构费、咨询费、诉讼费、技术转让费、排污费等，按规定计算确定的应交矿产资源补偿费、房产税、车船使用税、土地使用税、印花税及企业在筹建期间发生的开办费，包括人员薪酬、办公费、培训费、差旅费、印刷费、注册登记费以及不计入固定资产成本的借款费用等。在管理费用实际发生时，借记“管理费用（开办费）”账户，贷记“银行存款”、“应付职工薪酬”、“累计折旧”、“应交税费”等账户。期（月）末，可将本账户的余额转入“本年利润”账户，结转后本账户无余额。

【案例导入】

2014 年 12 月 12 日蓝天贸易有限公司以现金支付业务招待费 1 500 元。会计分录如下：

广东省地方税收通用发票（电子） 电子发票 手写无效

发票联

发票代码 0201233456

发票号码 12346877890

开票日期：2014 年 12 月 12 日 18：30：05 行业类别：餐饮业

付款方名称：蓝天贸易有限公司 防伪密码区

付款方识别号：440014856479849646

收款方名称：广州市粤菜餐饮有限公司

收款方识别号：4406821132485945

主管税务机关：广州市天河区地方税务局 防伪码：123345897959

序号	开票项目说明	金额
1	餐费	1500. 00

合计（大写）人民币壹仟伍佰元整 （小写）￥1500. 00

附注：

开票单位盖章 开票人：王武

图 7－6

案例解析：

蓝天贸易有限公司接待并与客户进行业务洽谈后，到广州市粤菜餐饮有限公司宴请了对方公司的相关人员。收到广州市粤菜餐饮有限公司开出的发票；接待客户的支出属于管理费用的业务招待费，并且以现金支付。

记 账 凭 证

记字第061号

2014年12月12日

摘要	总账科目	明细科目	借方金额											贷方金额											√
			亿	千	百	十	万	千	百	十	元	角	分	亿	千	百	十	万	千	百	十	元	角	分	
付业务招待费	管理费用	业务招待费						1	5	0	0	0	0												□
	库存现金																		1	5	0	0	0	0	□
																									□
																									□
																									□
																									□
合计							¥	1	5	0	0	0	0					¥	1	5	0	0	0	0	□

附单据1张

会计主管： 记账： 出纳： 复核： 制单：蓝小云

图7－7

（3）“财务费用”账户。该账户属于损益类账户。“财务费用”账户核算小企业为筹集生产经营所需资金发生的筹资费用，包括利息支出（减利息收入）、银行相关的手续费等。小企业为购建固定资产在竣工决算前发生的借款费用，应当计入固定资产的成本，而不计入财务费用。“财务费用”账户借方登记小企业发生的财务费用，财务费用发生时，借记“财务费用”账户，贷记“银行存款”、“应付利息”等账户；贷方登记发生的应冲减财务费用的利息收入等。收到存款利息时，借记“银行存款”等账户，贷记“财务费用”账户。期（月）末，可将本科目余额转入“本年利润”科目，结转后本科目无余额。

四、利润结转

期末，根据本期销售商品的收入，成本、相关收入成本、税费等损益类科目的当月发生额结转到“本年利润”账户，如“本年利润”账户为贷方余额，则表示实现了盈利，如为借方余额，则表示亏损。年度终了，企业还应该将“本年利润”的本年累计数转入“利润分配——未分配利润”账户，结转后，“本年利润”账户应无余额。

业务处理如下：

（1）借：主营业务收入

　　　　其他业务收入

　　　　投资收益

　　　　营业外收入

　　　　……

　　贷：本年利润

（2）借：本年利润

　　贷：主营业务成本

　　　　营业税金及附加

　　　　其他业务支出

　　　　销售费用

　　　　管理费用

　　　　财务费用

　　　　资产减值损失

　　　　营业外支出

五、净利润的核算

利润总额算出来以后，经过纳税调整后，按照所得税的应纳税所得额算出应纳企业所得税，作如下账务处理：

（1）借：所得税费用

　　贷：应交税费——应交所得税费用

（2）借：本年利润

　　贷：所得税费用

六、利润分配的核算

企业全年取得的净利润（税后利润）应根据有关规定进行分配，利润分配的工作平时是不进行的，应在年终决算时处理。一般来说，利润分配的去向主要包括两个部分：其一是提取各种公积金，公积金主要由法定盈余公积金和公益金等组成。法定盈余公积金可以用于企业的资本积累、弥补亏损等，公益金是用于企业集体福利支出的。其二是按企业的有关规定向投资者分配利润。剩下的部分称为未分配利润，转到下年度再进行分配。

企业在年末对利润进行分配时，可根据利润分配的去向先计入利润分配各有关明细账中，年终结账时，再将本年利润账户的余额转入“利润分配——未分配利润”账户，同时，将利润分配的其他明细账户的金额也转入“利润分配——未分配利润”账户。此时，通过“利润分配——未分配利润”借、贷方记录金额的比较，即可确定年末未分配利润（或未弥补的亏损）的数额了。也就是说，年终结账后，除“利润分配——未分配利润”账户有余额之外，其他的利润分配各明细账是无余额的。

【知识链接】

为了计算出当期利润，通常采用两种方法“表结法”和“账结法”。

表结法和账结法原则：新会计制度规定，企业期末结转利润（亏损）时，可以采用表结利润的方法或账结利润的方法。表结利润法和账结利润法在进行会计核算时，它们之间有相同点也有不同点。

（1）计算利润的过程相同。两种方法都是根据期末算出的当期利润总额（或亏损总额），通过损益类会计科目将其余额转入到“本年利润”会计科目内，据以结出损益的方法。其计算利润的过程是一致的。

（2）使用的会计科目相同。无论采用表结利润法还是采用账结利润法，都使用损益类中的所有会计科目和“本年利润”科目。企业实现的利润（亏损），一律通过“本年利润”科目进行核算。即期末将各损益类科目的余额转入“本年利润”科目。

（3）结账时间的内涵不同。两种方法对损益类科目的结算时间虽然都规定在“期末”，但其内涵不同，表结利润法对“期末”的含义是指“年末”，而账结利润法对“期末”的含义是指“月末”。

（4）对利润进行核算的会计处理程序不同。表结利润法，每月结账时，损益类各科目的余额不需要结转到“本年利润”账户内，到年度终了时，再采用此方法将损益类各账户的全年累计余额转入到“本年利润”账户。“本年利润”科目平时不用，年终时才使用。账结利润法，是新会计制度未颁布前企业常用的，也是唯一的计算结转利润的方法。新会计制度颁布后，企业可在两种方法中任选一种。采用此方法，每月终结账时，将损益类各科目的余额转入“本年利润”账户中，通过“本年利润”科目结出本月份利润（亏损）。每月都要重复使用损益类科目和“本年利润”科目进行当期盈亏的计算和结转。

（5）表结利润法和账结利润法这两种方法是相对而言的，它们既有区别又有联系。企业在采用表结利润法进行利润核算时，其年末结转损益实际上也就是账结利润法账务处理在其时点上的具体应用。

项目2　收入、费用核算实训

【实训资料】

（1）蓝天贸易有限公司为增值税一般纳税人，主要经营A、B两种产品，每次销售产品同时结转成本。流转税费平时预交，下月10日前结清。

名　　　称：蓝天贸易有限公司

纳税人识别号：44010319066888A

地 址 、电 话：广州市南江路86号81116668

开户行及账号：建行广州白云支行02112288

（2）2014年12月份有关销售、费用和利润分配的业务附后。

要求：编制会计分录。

任务一：销售商品收入的核算

2014年12月10日蓝天贸易有限公司销售A产品给大地贸易有限公司。

4400058661 **广东增值税专用发票** NO：80140123

发 票 联

开票日期：2014年12月10日

购货单位	名 称：大地贸易有限公司 纳税人识别号：44010319012345A 地 址 、电 话：广州市越秀路98号87366888 开户行及账号：建行广州越秀路支行02116699				密码区	（略）	
货物或应税劳务名称	规格型号	单位	数量	单价	金额	税率	税额
A产品		件	1000	1000	1000000.00	17%	170000.00
合 计					¥1000000.00		¥170000.00
价税合计（大写）	⊗壹佰壹拾柒万圆整				（小写）¥1170000.00		
销货单位	名 称：蓝天贸易有限公司 纳税人识别号：44010319066888A 地 址 、电 话：广州市南江路86号81116668 开户行及账号：建行广州白云支行02112288				备注	蓝天贸易有限公司 44010319066888A 发票专用章	

第三联：记账联 销货方记账凭证

收款人： 复核：李 雷 开票人：张 明 销货单位：

图7－8

中国工商银行进账单（收账通知） 0123456

填制日期：2014年12月10日

付款人	全 称	大地贸易有限公司	收款人	全 称	蓝天贸易有限公司
	账 号	02116699		账 号	02112288
	开户银行	建行广州越秀路支行		开户银行	建行广州白云支行

人民币（大写）：壹佰壹拾柒万元整	千	百	十	万	千	百	十	元	角	分
	¥	1	1	7	0	0	0	0	0	0

票据种类	转账支票	收款人（略） 开户银行盖章
票据张数	1	
销货款 单位主管 会计 复核 记账		

此联是收款人开户行交给收款人的收账通知

图7－9

记 账 凭 证

字第　　号

年　　月　　日

摘　　要	总账科目	明细科目	借方金额										贷方金额										√
			亿	千	百	十	万	千	百	十	元	角	分	亿	千	百	十	万	千	百	十	元	角	分	
																							□
																							□
																							□
																							□
																							□
																							□
合　　计																							□

附单据　　张

会计主管：　　记账：　　出纳：　　复核：　　制单：

图 7－10

任务二：销售商品成本的结转

接上题，2014 年 12 月 10 日结转该笔销售的成本。

库存商品出库单

购货单位：大地贸易有限公司　　2014 年 12 月 10 日　　编号：000206

产品编号	产品名称	单位	数量	单位成本	金额	备注
43201	A 产品	件	1000	800	800000	

仓库主管：　　发货人：　　提货人：　　制单：

图 7－11

记 账 凭 证

字第　号

年　月　日

摘　要	总账科目	明细科目	借方金额										贷方金额										√
			亿	千	百	十	万	千	百	十	元	角	分	亿	千	百	十	万	千	百	十	元	角	分	
																							□
																							□
																							□
																							□
																							□
																							□
合　计																							□

附单据　张

会计主管：　　记账：　　出纳：　　复核：　　制单：

图 7－12

思考：

结转销售成本的时间如何确定，什么情况下随着销售确认逐笔结转销售成本？什么情况下在月末一次结转销售成本？

【小贴士】

发出存货的计算方法：先进先出法、全月一次加权平均法、移动加权平均法、个别计价法。

任务三：期间费用的业务处理

2014 年 12 月 12 日蓝天贸易有限公司购买办公用品。

现金支出凭单

附件　张　　2014 年 12 月 12 日　　第 01 号

用款事项：购买打印机纸张

现金付讫

金额（大写）零拾零万零仟伍佰零拾零元零角零分　（¥500.00）

主管签章（略）　　会计签章（略）　　出纳签章（略）

图 7－13

广州市商品销售统一发票

发票联

发票代码 0201233338

发票号码 12346879889

顾客名称及地址：蓝天贸易有限公司　　　　2014 年 12 月 12 日填发

品名规格	单位	数量	单价	合计金额超过万元无效	金额	备注
打印机纸张等					500.00	
合计金额（大写）	人民币伍佰元整			（小写）￥500.00		

第二联：发票联

（印章：创世纪文具店 发票专用章）

开票人：钱其　　收款人：陈就　　业户名称（盖章）：　　电脑开具　手写无效

图 7－14

记　账　凭　证

字第　　号

年　　月　　日

摘　　要	总账科目	明细科目	借方金额 亿	千	百	十	万	千	百	十	元	角	分	贷方金额 亿	千	百	十	万	千	百	十	元	角	分	√
																									□
																									□
																									□
																									□
																									□
																									□
合　计																									□

附单据　张

会计主管：　　记账：　　出纳：　　复核：　　制单：

图 7－15

2014 年 12 月 15 日蓝天贸易有限公司支付新新广告设计有限公司广告费（抵扣联略）。

中国工商银行 支票存根
8876566 2456798
附加信息
出票日期2014年12月15日
收 款 人：新新广告设计有限公司
金 额：¥1060.00
用 途：支付广告费
单位主管 略 会计 略

图7－16

广东增值税专用发票

4400058661 发 票 联 NO：80140590

开票日期：2014年12月15日

购货单位	名 称：蓝天贸易有限公司 纳税人识别号：44010319066888A 地 址 、电 话：广州市南江路86号81116668 开户行及账号：建行广州白云支行02112288				密码区	（略）		
货物或应税劳务名称	规格型号	单位	数量	单价	金额	税率	税额	
广告费			1	1000	1000.00	6%	60.00	
合 计					¥1000.00		¥60.00	
价税合计（大写）	⊗壹仟零陆拾圆整				（小写） ¥1060.00			
销货单位	名 称：新新广告设计有限公司 纳税人识别号：44010319012345A 地 址 、电 话：广州市越秀路100号87366878 开户行及账号：建行广州越秀路支行02116689				备注	新新广告设计有限公司 44010319012345A 发票专用章		

第一联：发票联 购货方记账凭证

收款人： 复核：李 雷 开票人：张 明 销货单位：

图7－17

记 账 凭 证

字第 号

年 月 日

<table>
<tr><td rowspan="2">摘 要</td><td rowspan="2">总账科目</td><td rowspan="2">明细科目</td><td colspan="11">借 方 金 额</td><td colspan="11">贷 方 金 额</td><td rowspan="2">√</td></tr>
<tr><td>亿</td><td>千</td><td>百</td><td>十</td><td>万</td><td>千</td><td>百</td><td>十</td><td>元</td><td>角</td><td>分</td><td>亿</td><td>千</td><td>百</td><td>十</td><td>万</td><td>千</td><td>百</td><td>十</td><td>元</td><td>角</td><td>分</td></tr>
<tr><td></td><td></td><td></td><td></td><td></td><td></td><td></td><td></td><td></td><td></td><td></td><td></td><td></td><td></td><td></td><td></td><td></td><td></td><td></td><td></td><td></td><td></td><td></td><td></td><td></td><td>□</td></tr>
<tr><td></td><td></td><td></td><td></td><td></td><td></td><td></td><td></td><td></td><td></td><td></td><td></td><td></td><td></td><td></td><td></td><td></td><td></td><td></td><td></td><td></td><td></td><td></td><td></td><td></td><td>□</td></tr>
<tr><td></td><td></td><td></td><td></td><td></td><td></td><td></td><td></td><td></td><td></td><td></td><td></td><td></td><td></td><td></td><td></td><td></td><td></td><td></td><td></td><td></td><td></td><td></td><td></td><td></td><td>□</td></tr>
<tr><td></td><td></td><td></td><td></td><td></td><td></td><td></td><td></td><td></td><td></td><td></td><td></td><td></td><td></td><td></td><td></td><td></td><td></td><td></td><td></td><td></td><td></td><td></td><td></td><td></td><td>□</td></tr>
<tr><td></td><td></td><td></td><td></td><td></td><td></td><td></td><td></td><td></td><td></td><td></td><td></td><td></td><td></td><td></td><td></td><td></td><td></td><td></td><td></td><td></td><td></td><td></td><td></td><td></td><td>□</td></tr>
<tr><td></td><td></td><td></td><td></td><td></td><td></td><td></td><td></td><td></td><td></td><td></td><td></td><td></td><td></td><td></td><td></td><td></td><td></td><td></td><td></td><td></td><td></td><td></td><td></td><td></td><td>□</td></tr>
<tr><td colspan="3">合 计</td><td></td><td></td><td></td><td></td><td></td><td></td><td></td><td></td><td></td><td></td><td></td><td></td><td></td><td></td><td></td><td></td><td></td><td></td><td></td><td></td><td></td><td></td><td>□</td></tr>
</table>

附单据 张

会计主管： 记账： 出纳： 复核： 制单：

图 7－18

2014 年 12 月 21 日蓝天贸易有限公司向工商银行支付短期借款利息。

中国工商银行广州市分行短期借款计息通知（付款通知联）

<table>
<tr><td colspan="3">存款账户户名：蓝天贸易有限公司 账号：0211228</td></tr>
<tr><td colspan="2">利息计算时间：2014 年 11 月 30 日起
2014 年 12 月 31 日止</td><td rowspan="4">左列借款利息已从你单位账号账户中划出。

开户银行盖章（略）

2014 年 12 月 21 日</td></tr>
<tr><td>计息积数共计：￥200000</td><td>利率：2.5%</td></tr>
<tr><td colspan="2">利息金额（大写）伍仟元整</td></tr>
<tr><td>附记：</td><td>￥5000.00</td></tr>
</table>

会计 事后监督 复核 制单（略）

图 7－19

记 账 凭 证

字第 号

年 月 日

摘要	总账科目	明细科目	借方金额 亿 千 百 十 万 千 百 十 元 角 分	贷方金额 亿 千 百 十 万 千 百 十 元 角 分	√
					□
					□
					□
					□
					□
					□
合 计					□

附单据 张

会计主管： 记账： 出纳： 复核： 制单：

图 7－20

任务四：计算本月应纳增值税

2014 年 12 月 31 日计算本月蓝天贸易有限公司应纳增值税。

表 7－2 增值税计算表

2014 年 12 月 31 日

	货物名称	数量	单价	金额	适用税率	税额
进项税额构成						
销项税额						
进项税额转出						
本月预交增值税						
本月应交未交增值税						
备 注						

税收管理员： 填表日期：

记 账 凭 证

字第 号

年 月 日

摘 要	总账科目	明细科目	借方金额											贷方金额											√
			亿	千	百	十	万	千	百	十	元	角	分	亿	千	百	十	万	千	百	十	元	角	分	
																									□
																									□
																									□
																									□
																									□
																									□
合 计																									□

附单据 张

会计主管： 记账： 出纳： 复核： 制单：

图 7－21

任务五：计算本月应纳城市维护建设税及教育费附加

2014 年 12 月 31 日计算蓝天贸易有限公司应纳城市维护建设税及教育费附加。

表 7－3 城建税、教育费附加计算表

2014 年 12 月 31 日

项目	计算依据	比例	金额
城建税		7%	
教育费附加		3%	
合计			

记 账 凭 证

字第　　号

年　　月　　日

摘　要	总账科目	明细科目	借方金额											贷方金额											√
			亿	千	百	十	万	千	百	十	元	角	分	亿	千	百	十	万	千	百	十	元	角	分	
																									□
																									□
																									□
																									□
																									□
																									□
合　计																									□

附单据　张

会计主管：　　记账：　　出纳：　　复核：　　制单：

图 7－22

项目 3　利润及利润分配核算实训

任务一：结转本期损益

根据项目 2 的内容编制结转损益的分录，见表 7－4。

表 7－4　损益账户发生额汇总

2014 年 12 月份

账　户	本月数	
	借方	贷方
主营业务收入		
主营业务成本		
业务税金及附加		
其他业务收入		
其他业务支出		
营业外收入		
营业外支出		
投资收益		
管理费用		

（续上表）

账　户	本月数	
	借方	贷方
销售费用		
财务费用		
补贴收入		
公允价值变动损益		
合计		

记　账　凭　证

字第　　号

年　　月　　日

摘　　要	总账科目	明细科目	借方金额 亿	千	百	十	万	千	百	十	元	角	分	贷方金额 亿	千	百	十	万	千	百	十	元	角	分	√
																									□
																									□
																									□
																									□
																									□
																									□
合　　计																									□

附单据　　张

会计主管：　　记账：　　出纳：　　复核：　　制单：

图 7－23

任务二：计算企业所得税

表 7－5　所得税计算表

2014 年 12 月 31 日

应税项目	应税金额	税率	应交所得税税额	备注
税前会计利润				无任何纳税调整事项
合计				

主管：　　复核：　　制表：

记 账 凭 证

字第 号

年 月 日

摘 要	总账科目	明细科目	借 方 金 额											贷 方 金 额											√
			亿	千	百	十	万	千	百	十	元	角	分	亿	千	百	十	万	千	百	十	元	角	分	
																									□
																									□
																									□
																									□
																									□
																									□
合 计																									□

附单据 张

会计主管： 记账： 出纳： 复核： 制单：

图 7 – 24

任务三：利润分配的核算

表 7 – 6 利润分配项目计算表

2014 年 12 月 31 日

项目		比例	金额	备注
利润总额				
减：所得税		25%		
本年净利润				
分配去向	计提盈余公积	10%		
	计提公益金	10%		
	分配给投资者利润			
	其中：分给国家投资			
	分给企业投资			
	未分配利润			
	小计			

记 账 凭 证

字第　　号

年　　月　　日

摘　　要	总账科目	明细科目	借方金额										贷方金额										√
			亿	千	百	十	万	千	百	十	元	角	分	亿	千	百	十	万	千	百	十	元	角	分	
																							□
																							□
																							□
																							□
																							□
																							□
合　　计																							□

附单据　　张

会计主管：　　记账：　　出纳：　　复核：　　制单：

图 7－25

模块八　财务报表岗位实训

【知识目标】

1. 了解编制会计报表的意义。
2. 了解财务报表体系的构成内容。
3. 理解基本报表的设计原理与编制程序。
4. 掌握基本报表编制的技术方法。

【技能目标】

1. 具备良好的职业道德和会计职业判断意识及能力。
2. 能正确编制资产负债表和利润表。

项目1　资产负债表的编制

资产负债表是反映企业某一特定日期财务状况的会计报表。其结构有账户式和报告式。我国企业资产负债表采用账户式结构。资产负债表各项目均需填列“年初余额”和“期末余额”两栏。其中“年初余额”栏内各项数字，应根据上年末资产负债表的“期末余额”栏内所列数字填列。“期末余额”栏主要有以下五种填列方法。

1. 根据总账科目余额直接填列

资产负债表各项目的数据来源，主要是根据总账科目期末余额直接填列。例如，交易性金融资产、交易性金融负债、应付票据、应付职工薪酬、应付股利、应付利息、应交税费、其他应付款、递延所得税负债、实收资本、资本公积、库存股、盈余公积等项目，应当根据有关总账科目的余额直接填列。

2. 根据总账科目余额计算填列

资产负债表某些项目需要根据若干个总账科目的期末余额计算填列。例如，资产类的货币资金项目，根据“库存现金”、“银行存款”、“其他货币资金”科目的期末余额合计填列。

3. 根据明细科目的余额计算填列

资产负债表某些项目不能根据总账科目的期末余额或若干个总账科目的期末余额计算填列，需要根据有关科目所属的相关明细科目的期末余额计算填列。如“应收账款”项目，应根据“应收账款”科目所属各明细账户的期末借方余额合计，再加上“预收账款”科目的有关明细科目期末借方余额计算填列；又如“应付账款”项目，应根据“应付账款”、“预付账款”科目的有关明细科目的期末贷方余额计算编制。

4. 根据总账科目和明细科目余额分析计算填列

资产负债表上某些项目不能根据有关总账科目的期末余额直接或计算填列，也不能根据有关科目所属明细科目的期末余额计算填列，需要根据总账科目和明细科目余额分析计算填列。例如“长期应收款”项目，应当根据“长期应收款”总账科目余额，减去“未实现融资收益”总账科目余额，再减去所属相关明细科目中将于一年内到期的部分填列；“长期借款”项目，根据“长期借款”总账科目余额扣除“长期借款”科目所属的明细科目中将于一年内到期的部分填列；“应付债券”项目，应当根据“应付债券”总账科目余额扣除“应付债券”科目所属的明细科目中将于一年内到期的部分填列；“长期应付款”项目，应当根据“长期应付款”总账科目余额，减去“未确认融资费用”总账科目余额，再减去所属相关明细科目中将于一年内到期的部分填列。

5. 根据科目余额减去其备抵科目抵销后的净额填列

例如，“存货”项目，应当根据“材料采购”、“原材料”、“低值易耗品”、“自制半成品”、“库存商品”、“包装物”、“发出商品”、“委托加工物资”、“委托代销商品”、“生产成本”等账户的合计，减去“代销商品款”、“存货跌价准备”科目的期末余额后的金额填列；“持有至到期投资”项目，应当根据“持有至到期投资”科目期末余额，减去“持有至到期投资减值准备”科目期末余额后的金额填列；“固定资产”项目，应当根据“固定资产”科目期末余额，减去“累计折旧”、“固定资产减值准备”等科目期末余额后的金额填列；“在建工程”项目，按照“在建工程”科目的期末余额，减去“在建工程减值准备”科目期末余额后的净额填列；“无形资产”项目，按照“无形资产”科目的期末余额减去“无形资产减值准备”科目期末余额后的净额填列，以反映无形资产的期末可收回金额。

【案例导入】

蓝天贸易有限公司为增值税一般纳税人，增值税税率为17%，企业所得税税率为25%，2014年3月31日的科目余额如表8-1所示，试编制该公司3月份的资产负债表。

表 8－1　科目余额表

2014 年 03 月 31 日　　　　单位：元

总账科目	借方余额	科目名称	贷方余额
库存现金	7600.00	短期借款	300000.00
银行存款	580000.00	应付票据	50000.00
交易性金融资产	500000.00	应付账款	890000.00
应收票据	15000.00	——甲工厂	428000.00
应收账款		——乙工厂	462000.00
——A 公司	200000.00	应付职工薪酬——工资	90000.00
——B 公司	260000.00	应付职工薪酬——福利费	9000.00
——C 公司	－60000.00	其他应付款	60000.00
坏账准备	－84000.00	应交税费	20000.00
其他应收款	18000.00	应付利息	11000.00
原材料	180000.00	长期借款	1600000.00
周转材料		其中：一年内到期的长期借款	1000000.00
——低值易耗品	50000.00	实收资本	4000000.00
——包装物	30000.00	盈余公积	100000.00
库存商品	1020000.00	利润分配——未分配利润	187800.00
生产成本	25600.00		
长期股权投资	500000.00		
固定资产	1500000.00		
累计折旧	－400000.00		
在建工程	2000000.00		
无形资产	800000.00		
长期待摊费用	100000.00		
资产合计	7317800.00	负债和所有者权益合计	7317800.00

制表：王　悦

编制如下资产负债表：

表 8－2　资产负债表

会企 01 表

编制单位：蓝天贸易有限公司　　2014 年 03 月 31 日　　单位：元

资　　产	期末余额	年初余额	负债及所有者权益（或股东权益）	期末余额	年初余额
流动资产：		（略）	流动负债：		（略）
货币资金	587600.00		短期借款	300000.00	
交易性金融资产	500000.00		交易性金融负债		
应收票据	15000.00		应付票据	50000.00	
应收账款	451600.00		应付账款	890000.00	
预付款项			预收款项	60000.00	
应收利息			应付职工薪酬	99000.00	
应收股利			应交税费	20000.00	
其他应收款	18000.00		应付利息	11000.00	
存货	1305600.00		应付股利		
一年内到期的非流动资产			其他应付款	60000.00	
其他流动资产			一年内到期的非流动负债	1000000.00	
流动资产合计	2877800.00		其他流动负债		
非流动资产：			流动负债合计	2490000.00	
可供出售金融资产			非流动负债：		
持有至到期投资			长期借款	600000.00	
长期应收款			应付债券		
长期股权投资	500000.00		长期应付款		
投资性房地产			专项应付款		
固定资产	1100000.00		预计负债		
在建工程	2000000.00		递延所得税负债		
工程物资			其他非流动负债		
固定资产清理			非流动负债合计	600000.00	
生产性生物资产			负债合计	3090000.00	
油气资产			所有者权益（或股东权益）：		
无形资产	800000.00		实收资本（或股本）	4000000.00	
研发支出			资本公积		
商誉			减：库存股		
长期待摊费用	100000.00		盈余公积	100000.00	
递延所得税资产			未分配利润	187800.00	
其他非流动资产			所有者权益（股东权益）合计	4287800.00	
非流动资产合计	4500000.00				
资产总计	7377800.00		负债和所有者权益（或股东权益）总计	7377800.00	

单位负责人：　　会计主管：　　制表：张　新

【技能实训】

蓝天贸易有限公司2014年4月30日的科目余额如表8－3所示。

表8－3　科目余额表

2014年04月30日　　　　单位：元

总账科目	明细科目	借方余额	贷方余额	科目名称	明细科目	借方余额	贷方余额
库存现金		3000.00		短期借款			60000.00
银行存款		25000.00		应付账款			10000.00
交易性金融资产		14000.00			A工厂		7000.00
应收账款		23000.00			B工厂	5000.00	
	甲公司	10000.00			C工厂		8000.00
	乙公司		2000.00	预收账款			1000.00
	丙公司	15000.00			A单位		4000.00
预付账款		4700.00			B单位	3000.00	
	甲单位	5000.00		其他应付款			6000.00
	乙单位		300.00		工会	2000.00	
其他应收款		5000.00			待扣款		8000.00
	行政科	4000.00		应付职工薪酬			34700.00
	某职工	2000.00		应交税费			60000.00
	市百货		1000.00	应付利润			33000.00
材料采购		8000.00		长期借款			84000.00
原材料		27000.00		实收资本			280000.00
库存商品		20000.00		盈余公积			22080.00
长期股权投资		200000.00		利润分配	未分配利润		159920.00
固定资产		400000.00					
累计折旧			6000.00				
无形资产		23000.00					
长期待摊费用		4000.00					

据以上资料编制2014年4月的资产负债表。

表8-4 资产负债表

会企02表

编制单位：蓝天贸易有限公司　　　　2014年04月30日　　　　单位：元

资　　产	期末余额	年初余额	负债及所有者权益（或股东权益）	期末余额	年初余额
流动资产：		略	流动负债：		略
货币资金			短期借款		
交易性金融资产			交易性金融负债		
应收票据			应付票据		
应收账款			应付账款		
预付款项			预收款项		
应收利息			应付职工薪酬		
应收股利			应交税费		
其他应收款			应付利息		
存货			应付股利		
一年内到期的非流动资产			其他应付款		
其他流动资产			一年内到期的非流动负债		
流动资产合计			其他流动负债		
非流动资产：			流动负债合计		
可供出售金融资产			非流动负债：		
持有至到期投资			长期借款		
长期应收款			应付债券		
长期股权投资			长期应付款		
投资性房地产			专项应付款		
固定资产			预计负债		
在建工程			递延所得税负债		
工程物资			其他非流动负债		
固定资产清理			非流动负债合计		
生产性生物资产			负债合计		
油气资产			所有者权益（或股东权益）：		
无形资产			实收资本（或股本）		
研发支出			资本公积		
商誉			减：库存股		
长期待摊费用			盈余公积		
递延所得税资产			未分配利润		
其他非流动资产			所有者权益（或股东权益）合计		
非流动资产合计					
资产总计			负债和所有者权益（或股东权益）总计		

单位负责人：　　　　会计主管：　　　　制表：张　新

项目2　利润表的编制

利润表是反映企业在一定时期经营成果的会计报表，是按照“收入－费用＝利润”的基本会计恒等式将企业一定期间的收入、费用和利润加以适当排列而形成的。目前比较普遍的利润表结构有多步式利润表和单步式利润表两种。我国企业的利润表一般采用多步式，即采用以下三个公式分三个步骤计算：

营业利润＝营业收入－营业成本－营业税金及附加－销售费用－管理费用－财务费用－资产减值损失＋投资收益

利润总额＝营业利润＋营业外收入－营业外支出

净利润＝利润总额－所得税费用

本表“本月数”栏反映各项目的本月实际发生数。在编制年度财务会计报告时，填列上年全年累计实际发生数。如果上年度利润表与本年度利润表的项目名称和内容不一致，应对上年度利润表项目的名称和数字按本年度的规定进行调整，填入本表。本表“本年累计数”栏反映各项目自年初起至报告期末止的累计实际发生数。

下面就损益表的主要项目的内容和填列方法介绍如下：

（1）“营业收入”项目，应根据“主营业务收入”和“其他业务收入”账户的发生额分析填列。

（2）“营业成本”项目，应根据“主营业务成本”和“其他业务成本”账户的发生额分析填列。

（3）“营业税金及附加”项目，应根据“营业税金及附加”账户的发生额分析填列。

（4）“销售费用”项目，应根据“销售费用”账户的发生额分析填列。

（5）“管理费用”项目，应根据“管理费用”账户的发生额分析填列。

（6）“财务费用”项目，应根据“财务费用”账户的发生额分析填列。

（7）“资产减值损失”项目，应根据“资产减值损失”账户的发生额分析填列。

（8）“公允价值变动收益”项目，应根据“公允价值变动收益”账户的发生额分析填列，如为净损失，本项目以“－”号填列。

（9）“投资收益”项目，应根据“投资收益”账户本期发生额分析计算填列，如为投资损失，本项目以“－”号填列。

（10）“营业外收入”项目，应根据“营业外收入”账户的发生额分析填列。

（11）“营业外支出”项目，应根据“营业外支出”账户的发生额分析填列。

（12）“所得税费用”项目，应根据“所得税费用”账户的发生额分析填列。

（13）“营业利润”、“利润总额”和“净利润”项目，直接根据报表项目计算填列。

【案例导入】

蓝天贸易有限公司为增值税一般纳税人，增值税税率为17%，企业所得税税率为25%，2014年3月31日有关损益类账户的累计发生额资料如下所示，试编制该公司3月份的利润表（暂不考虑上期金额）。

表8－5 损益类账户累计发生额

账户名称	借方发生额	贷方发生额
主营业务收入		2360000.00
主营业务成本	961000.00	
其他业务收入		
其他业务成本		
营业税金及附加	63000.00	
销售费用	10000.00	
管理费用	379000.00	
财务费用	50000.00	
投资收益		1030000.00
营业外收入		
营业外支出	239000.00	
所得税费用	422000.00	

根据以上资料编制2014年3月的利润表。

表8－6 利润表

会企03表

编制单位：蓝天贸易有限公司　　2014年3月　　单位：元

项　　目	本期金额	上期金额
一、营业收入	2360000.00	略
减：营业成本	961000.00	
营业税金及附加	63000.00	
销售费用	10000.00	
管理费用	379000.00	
财务费用	50000.00	
资产减值损失	0.00	
加：公允价值变动收益（净损失以“－”号填列）	0.00	
投资收益（损失以“－”号填列）	1030000.00	
其中：对联营企业和合营企业的投资收益	0.00	
二、营业利润（亏损以“－”号填列）	1927000.00	
加：营业外收入	0.00	
减：营业外支出	239000.00	
其中：非流动资产处置损失	0.00	
三、利润总额（亏损总额以“－”号填列）	1688000.00	
减：所得税费用	422000.00	
四、净利润（净亏损以“－”号填列）	1266000.00	
五、每股收益：		
（一）基本每股收益		
（二）稀释每股收益		

单位负责人：　　会计主管：　　制表：

【技能实训】

蓝天贸易有限公司2014年4月有关损益类账户的累计发生额资料如表8－7所示。

表8－7 损益类账户累计发生额

账户名称	借方发生额	贷方发生额
主营业务收入		2990000
主营业务成本	1270000	
其他业务收入		500000
其他业务成本	350000	
营业税金及附加	990000	
销售费用	108000	
管理费用	180000	
财务费用	270000	
投资收益		1050000
营业外收入		100000
营业外支出	60000	
所得税费用	353000	

根据以上资料编制2014年4月的利润表。

表8-8 利润表

会企04表

编制单位：蓝天贸易有限公司　　2014年4月　　单位：元

项　目	本期金额	上期金额
一、营业收入		
减：营业成本		
营业税金及附加		
销售费用		
管理费用		
财务费用		
资产减值损失		
加：公允价值变动收益（净损失以“－”号填列）		
投资收益（损失以“－”号填列）		
其中：对联营企业和合营企业的投资收益		
二、营业利润（亏损以“－”号填列）		
加：营业外收入		
减：营业外支出		
其中：非流动资产处置损失		
三、利润总额（亏损总额以“－”号填列）		
减：所得税费用		
四、净利润（净亏损以“－”号填列）		
五、每股收益：		
（一）基本每股收益		
（二）稀释每股收益		

单位负责人：　　会计主管：　　制表：

模块九　报税岗位实训

【知识目标】

1. 了解我国税收制度及税收征管部门。
2. 了解我国税收的种类、税务登记及发票使用规定。
3. 掌握主要税种的计税、申报方法。

【技能目标】

1. 按税务管理条例管理发票，并能正确开具发票及进行有关发票认证。
2. 能准确计算主要税种的应纳税额。
3. 能正确进行纳税申报。

项目1　相关税务管理知识

一、税务登记

办理开业税务登记流程，如图9－1所示。

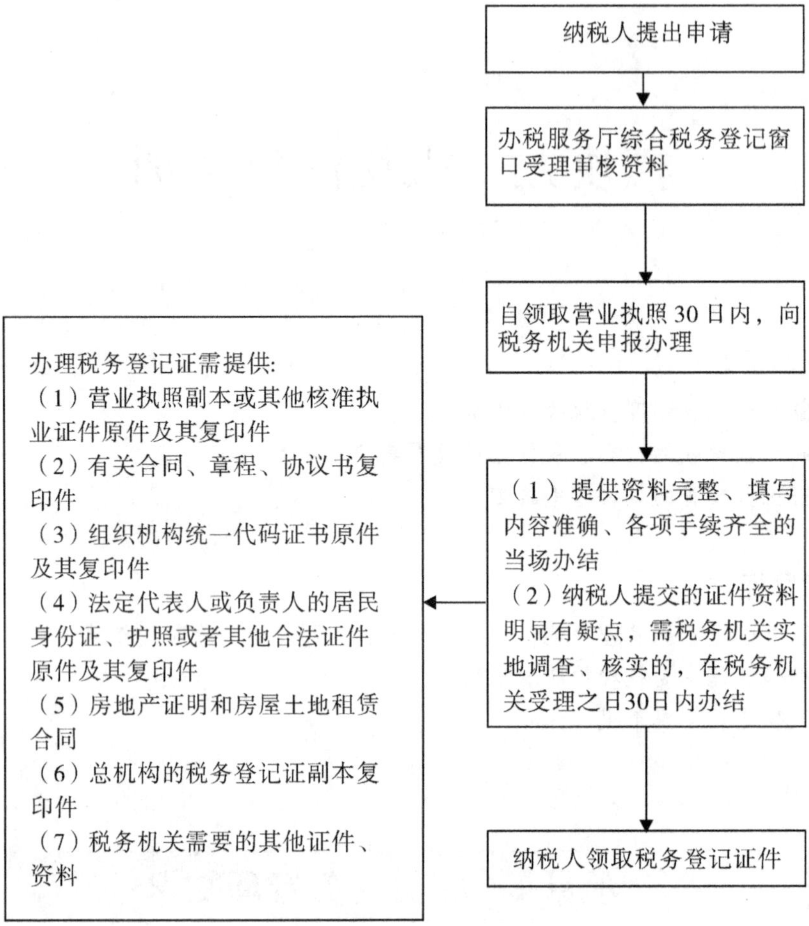

图9－1

二、发票管理

1. 什么是发票

发票是指在购销商品、提供或接受劳务以及从事其他经济活动过程中，向对方开具或收取的一种收付款凭证。它是企业据以会计核算的原始凭证，又是税务机关据以征税的重要依据。

2. 发票的领购

首次领购普通发票业务流程如图9－2所示。

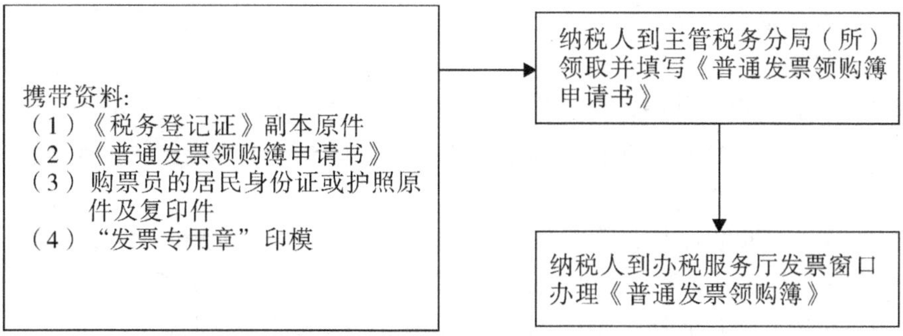

图9－2

已办理《普通发票领购簿》的纳税办理普通发票领购业务流程如图9－3所示。

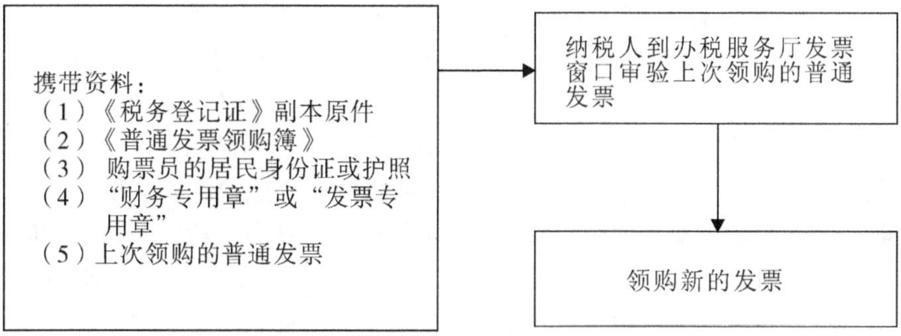

图9－3

3. 发票的注（缴）销

发票的注（缴）销有两种情况：一种情况是因粗心大意等原因开出错票，发现后所开发票全联作废并保存，不得任意撕毁、丢弃；另一种情况则是企业因故停业，还有未开的空白发票，应连同《普通发票领购簿》一起全部交回税务部门，不得私自存留，擅自销毁，出售或赠予其他企业。

练一练：

李思组建了一家运输服务公司，提供运输货物劳务。2014年1月20日领取了工商管理部门颁发的营业执照，接下来李思应该什么时候，到什么地方办理开业的税务登记呢？办理开业税务登记需要准备哪些资料？根据企业的经营范围核定李思的公司应交的税种有哪些？

【知识链接】

国家税收收入是国家财政收入的主要形式，因此我国的税收管理机构的设置是由国家财政管理体制决定的。我国实行分税制财政税收管理体制。为了有效处理中央政府和地方政府之间的事权和财权关系，1994 年，根据国务院关于实行分税制财政管理体制的规定，我国把工商各税划分为中央税、地方税、中央与地方共享税，并分设中央、地方两套税务机构分别进行征收管理。其中，国家税务局系统负责中央税、国家指定的中央与地方共享税和其他税种的征收和管理，实行由国家税务总局垂直领导的管理体制。地方税务局系统则负责地方税的征收和管理。

国家税务局主要负责征收和管理的具体项目有：增值税，消费税，铁道、各银行总行、保险总公司集中缴纳的营业税、所得税和城市维护建设税，中央企业所得税，中央与地方所属企事业单位组成的联营企业、股份制企业所得税，2002 年 1 月 1 日以后在各级工商行政管理部门办理设立（开业）登记企业的企业所得税，地方和外资银行及非银行金融企业所得税，海洋石油企业所得税、资源税，对储蓄存款利息所得征收的个人所得税，对证券交易征收的印花税，车辆购置税，出口产品退税，中央的滞补罚收入，按中央税、共享税附征的教育费附加（属于铁道、银行总行、保险总公司缴纳的入中央库，其他的入地方库）自 2009 年 1 月 1 日起，以 2008 年为基年，2008 年年底之前国家税务局、地方税务局各自管理的企业所得税不作调整。2009 年起新增企业所得税纳税人中，应缴纳增值税的企业，其企业所得税由国家税务局管理；应缴纳营业税的企业，其企业所得税由地方税务局管理。

地方税务局主要负责征收管理的具体项目有（不包括上面已明确由国家税务局负责征收的地方税部分）：营业税、企业所得税、个人所得税、资源税、印花税、城市维护建设税、房产税、车船税、土地增值税、城镇土地使用税、耕地占用税、契税、烟叶税、固定资产投资方向调节税（暂停征收）、地方税的滞补罚收入、按地方营业税附征的教育费附加，在部分地区还负责社会保险费及其他一些地方规费的征收。

另外，部分地区的耕地占用税和契税由地方财政部门征收和管理，关税进口产品的增值税和消费税由海关系统负责征收管理。

项目 2　主要流转税的计税与申报

一、增值税的计税与申报

1. 增值税的含义及纳税范围

（1）含义。增值税是对国内销售货物或者提供加工、修理修配劳务以及进口货物的单位和个人就其实现的增值额征收的一个税种。

（2）纳税范围。销售货物，提供加工、修理修配劳务及进口货物。

2. 增值税率及计算公式

（1）税率。一般纳税人基本税率为 17%；低税率为 13%；“营改增”新增税税率为 11%、6%；小规模纳税人为 3%。

（2）一般纳税人计算公式。

应纳增值税税额 = 当期销项税额 - 当期进项税额

（3）小规模纳税人计算公式。

应纳增值税税额 = 不含税销售额 × 征收率

【案例导入】

（1）蓝天贸易有限公司购入甲产品，取得增值税专用发票，注明价款 10 000 元，增值税 1 700 元（发票联略）。

广东增值税专用发票

4400056782　　　　发　票　联　　　　NO：80321143

开票日期：2014 年 10 月 13 日

购货单位	名　　称：蓝天贸易有限公司 纳税人识别号：44010319066888A 地 址 、电 话：广州市南江路 86 号 81116668 开户行及账号：建行广州白云支行 02112288					密码区	（略）
货物或应税劳务名称	规格型号	单位	数量	单价	金额	税率	税额
甲产品		台	10	1000. 00	10000. 00	17%	1700. 00
合　　计					¥10000. 00		¥1700. 00
价税合计（大写）	⊗壹万壹仟柒佰圆整				（小写）　¥11700. 00		
销货单位	名　　称：江宁贸易有限公司 纳税人识别号：440100987654321 地 址 、电 话：广州市中山路 8 号 85656861 开户行及账号：建行中山路支行 88366634					备注	江宁贸易有限公司 440100987654321 发票专用章

第三联：抵扣联　购货方抵扣凭证

收款人：　　复核：　　开票人：张　华　　销货单位：

图 9－4

入　库　单（财会联）

N O：304

供货单位：江宁贸易有限公司　　　　2014 年 10 月 13 日

材料名称及规格	单位	数量		实际价格		计划价格		价格差异
		交库	实收	单价	金额	单价	金额	
甲产品	台	10	10	1000	10000.00			
合　计					10000.00			

财务记账：张新　　　保管验收：李文　　　缴库：王亮

图 9－5

业务操作：

（1）在规定时间内对发票抵扣联进行抵扣认证。

（2）根据原始凭证编制会计分录及填制凭证。

记　账　凭　证

记字第 082 号

2014 年 10 月 13 日

摘　要	总账科目	明细科目	借方金额											贷方金额											√
			亿	千	百	十	万	千	百	十	元	角	分	亿	千	百	十	万	千	百	十	元	角	分	
购入甲产品	库存商品	甲产品					1	0	0	0	0	0	0												□
	应交税费	应交增值税（进项税额）						1	7	0	0	0	0												□
	应付账款	江宁贸易有限公司																1	1	7	0	0	0	0	□
																									□
																									□
																									□
合　计						¥	1	1	7	0	0	0	0				¥	1	1	7	0	0	0	0	□

附单据 2 张

会计主管：　　记账：　　出纳：　　复核：　　制单：蓝小云

图 9－6

（2）假设蓝天贸易有限公司本月期初没有留抵税额，当月销项税额 34 000 元，当期可抵扣进项税额 17 000 元，进项税额转出 1 000 元，求当月应纳税额。

业务操作：

（1）计算当期应纳增值税 = 销项税额 －（进项税额 － 进项税额转出）

= 34 000 － 17 000 － 1 000 = 16 000。

（2）填制纳税申报表，向相关税务机关申报纳税。

【小贴士】

专用发票抵扣认证。

（1）认证时间。纳税人申报抵扣的增值税专用发票必须自发票开具之日起90日内报送税务机关进行认证，否则不得抵扣进项税额。

（2）认证方式。①手工认证：纳税人取得防伪税控系统开具的增值税专用发票抵扣联，必须在每月月底之前到所属区（分）局办税服务厅进行认证。税务机关认证后，向纳税人下达“认证结果通知书”和“认证结果清单”。对于认证不符及密文有误的抵扣联，税务机关暂不予抵扣，并当场扣留作调查处理。未经认证的，不得申报抵扣。②网上认证：纳税人按月将取得的防伪税控系统开具的增值税专用发票抵扣联通过企业采集方式软件生成电子数据，在每月月底前，一次或分次报送至税务机关。

【知识链接】

（1）一般纳税人增值税发票的认证及抄报税流程如图9－7所示。

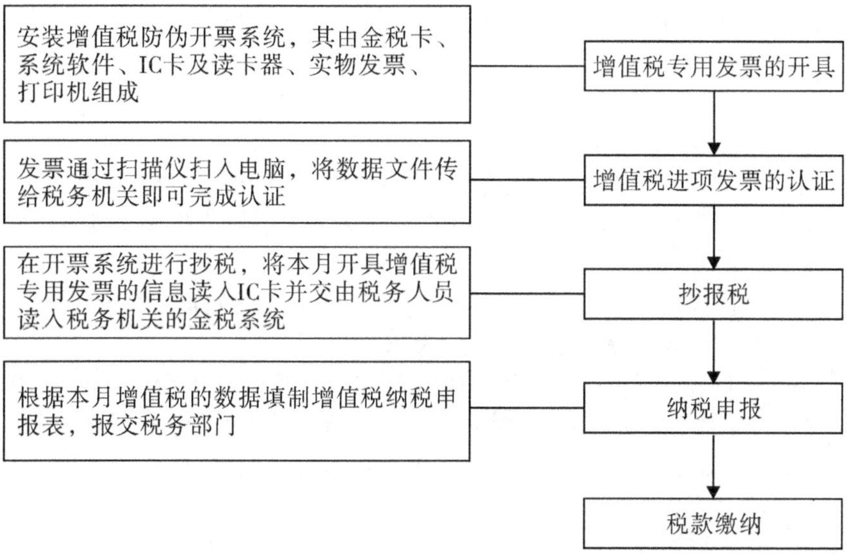

图9－7

（2）营改增范围、税率、征收率如表9－1所示。

表9－1

<table>
<tr><th colspan="2">征税范围</th><th>税率</th><th>征收率</th></tr>
<tr><td colspan="2">交通运输业</td><td>11%</td><td rowspan="7">3%</td></tr>
<tr><td rowspan="6">部分现代服务业</td><td>有形动产租赁</td><td>17%</td></tr>
<tr><td>研发和技术服务</td><td rowspan="5">6%</td></tr>
<tr><td>信息技术服务</td></tr>
<tr><td>文化创意服务</td></tr>
<tr><td>物流辅助服务</td></tr>
<tr><td>鉴证咨询服务</td></tr>
</table>

【技能实训】

1. 企业资料

企业名称：蓝天贸易有限公司

企业性质：有限责任公司

企业法定代表人：李华

企业地址及电话号码：广州市南江路86号81116668

纳税人识别号：44010319066888A

开户行及账号：建行广州白云支行02112288

2. 发生业务

该公司为一般纳税人，增值税适用税率为17%，按月缴纳增值税。

2014年12月发生以下业务：

（1）12月5日缴纳上月的增值税18 750元。

（2）12月8日由创新工厂购入A材料160吨，单价为2 000元/吨，收到增值税专用发票，价款为320 000元，税款为54 400元，发票已认证并申报抵扣，材料已验收入库，货款用支票支付。

（3）12月10日从守志工厂购入B材料175吨，单价为3 200元/吨，收到增值税专用发票，价款为560 000元，增值税专用发票已认证并申报抵扣，材料已验收入库，货款用支票支付，另以银行存款支付运费取得运输专用发票（增值税税率11%），注明20 000元，增值税2 200元。

（4）12月11日直接向农业生产者收购用于生产加工的农产品一批，产品已验收入库，经税务机关批准的收购凭证上注明价款为80 000元。

（5）12月12日从乐家百公司收到委托代销清单，销售甲产品8台，每台60 000元，增值税税率为17%，开具增值税专用发票，对方按价款的6%收取手续费，收到款项并存入银行。

（6）12月15日销售10台乙产品，货款为560 000元，税款为95 200元，并开具增值税专用发票，款项已存入银行。

（7）12月16日将1台乙产品转为本企业生产用，实际成本共计50 000元，税务机关认定的计税价格为56 000元，并开具发票。

（8）12月18日将价值为88 000元的外购40吨A材料及库存的10吨A材料用于修建本企业厂房使用。

（9）12月23日将乙产品10台，每台价值500 000元（税务机关认定的计税价格为5 600 000元），无偿赠送给毅成工厂，并开具增值税专用发票。

（10）12月25日向小规模纳税人新新公司出售A材料12吨，开出30 000元的普通发票，取得款项存入银行。

（11）12月26日，购入生产设备机床一台，取得增值税专用发票，价款为200 000元，税款为34 000元，以支票付款。

（12）12月28日维修部门对外提供维修服务，收取修理费10 000元，开具普通发票。

（13）月底，盘店库存材料发现其中上月购进的20吨B材料被盗，该材料价值为64 000元，经批准作营业外支出处理。

要求：计算本月应缴纳的增值税并填制纳税申报表。

表 9-2 增值税纳税申报表(适用于一般纳税人)

根据《中华人民共和国增值税暂行条例》第二十二条和第二十三条的规定制定本表，纳税人不论有无销售额，均应按主管税务机关核定的纳税期限按期填报本表，并于次月一日起十日内，向当地税务机关申报。

税款所属时间：自 年 月 日至 年 月 日　　填表日期： 年 月 日　　金额单位：元(列至角分)

纳税人识别号				所属行业：			
纳税人名称	(公章)	法定代表人姓名		注册地址		营业地址	
开户银行及账号		企业登记注册类型				电话号码	

项目		栏次	一般货物及劳务		即征即退货物及劳务	
			本月数	本年累计	本月数	本年累计
销售额	(一)按适用税率征税货物及劳务销售额	1				
	其中：应税货物销售额	2				
	应税劳务销售额	3				
	纳税检查调整的销售额	4				
	(二)按简易征收办法征税货物销售额	5				
	其中：纳税检查调整的销售额	6				
	(三)免、抵、退办法出口货物销售额	7			——	——
	(四)免税货物及劳务销售额	8			——	——
	其中：免税货物销售额	9			——	——
	免税劳务销售额	10			——	——
税款计算	销项税额	11				
	进项税额	12				
	上期留抵税额	13		——		——
	进项税额转出	14				
	免抵退货物应退税额	15			——	——
	按适应税率计算的纳税检查应补缴税额	16			——	——
	应抵扣税额合计	17=12+13-14-15+16		——		——
	实际抵扣税额	18(如 17＜11，则为 17，否则为 11)				
	应纳税额	19=11-18				
	期末留抵税额	20=17-18		——		——
	简易征收办法计算的应纳税额	21				
	按简易征收办法计算的纳税检查应补缴税额	22			——	——
	应纳税额减征额	23				
	应纳税额合计	24=19+21-23				
税款缴纳	期初未缴税额(多缴为负数)	25				
	实收出口开具专用缴款书退税额	26			——	——
	本期已缴税额	27=28+29+30+31				
	(1)分次预缴税额	28		——		——
	(2)出口开具专用缴款书预缴税额	29		——	——	——
	(3)本期缴纳上期应纳税额	30				
	(4)本期缴纳欠缴税额	31				
	期末未缴税额(多缴为负数)	32=24+25+26-27				
	其中：欠缴税额(≥0)	33=25+26-27		——		——
	本期应补(退)税额	34=24-28-29		——		——
	即征即退实际退税额	35	——	——		
	期初未缴查补税额	36			——	——
	本期入库查补税额	37			——	——
	期末未缴查补税额	38=16+22+36-37			——	——

授权声明	如果你已委托代理人申报，请填写以下资料： 为代理一切税务事宜，现授权 (地址)　　　　为本纳税人的代理申报人，任何与本申报表有关的往来文件，都可寄予此人。 授权人签字：	申报人声明	此纳税申报表是根据《中华人民共和国增值税暂行条例》的规定填报的，我相信它是真实的、可靠的、完整的。 声明人签字：

以下由税务机关填写：

收到日期：　　　　接收人：　　　　主管税务机关盖章：

二、营业税的计税及申报

1. 营业税的纳税范围

在中华人民共和国境内提供本条例规定的劳务、转让无形资产或者销售不动产的单位和个人，为营业税的纳税人，应当缴纳营业税。

2. 营业税的税率与税目

表 9－3　营业税税目税率表

税　目	税　率
一、交通运输业	转征增值税
二、建筑业	3%
三、金融保险业	5%
四、邮电通信业	3%
五、文化体育业	3%
六、娱乐业	5%～20%
七、服务业	5%（部分服务业转征增值税）
八、转让无形资产	5%（部分业务转征增值税）
九、销售不动产	5%

以下服务业在“营转增”试点改革中转征增值税。

表 9－4

<table>
<tr><td rowspan="6">部分现代服务业</td><td>有形动产租赁</td><td>增值税税率 17%，征收率 3%</td><td rowspan="6">原营业税税率 5%</td></tr>
<tr><td>研发和技术服务</td><td rowspan="5">增值税税率 6%，征收率 3%</td></tr>
<tr><td>信息技术服务</td></tr>
<tr><td>文化创意服务</td></tr>
<tr><td>物流辅助服务</td></tr>
<tr><td>鉴证咨询服务</td></tr>
</table>

3. 应纳税额的计算公式

应纳税额＝营业额×适用税率

【案例导入】

蓝天贸易有限公司2014年6月出租厂房收入100 000元，承租方以转账支票支付租金，请计算本月蓝天贸易有限公司应纳营业税额。

案例解析：

（1）确定税率。出租厂房属于服务业中的租赁业，适用税率5%。

（2）计算应纳营业税额 = 营业额 × 适用税率 = 100 000 × 5% = 5 000。

（3）编制产生纳税义务的分录，填制记账凭证。

【案例导入】

接上例，2014年7月，蓝天贸易有限公司申报纳税后，按规定上缴营业税。

记 账 凭 证

记字第128号

2014年06月30日

摘要	总账科目	明细科目	借方金额											贷方金额											√
			亿	千	百	十	万	千	百	十	元	角	分	亿	千	百	十	万	千	百	十	元	角	分	
计提营业税	营业税金及附加	营业税						5	0	0	0	0	0												□
	应交税费	应交营业税																	5	0	0	0	0	0	□
																									□
																									□
																									□
																									□
合计							¥	5	0	0	0	0	0					¥	5	0	0	0	0	0	□

附单据1张

会计主管：　　记账：　　出纳：　　复核：　　制单：蓝小云

图9－8

支行名称：工商银行白云支行　　　　网点号：432490702

广州电子缴税系统回单

扣款日期：2014.7.5

清算日期：2014.7.5

付款人名称：蓝天贸易有限公司

付款人账号：22233388

付款人开户银行：工商银行白云支行

收款人名称：广州市白云区地方税务局

收款人账号：087654321

收款人开户银行：国家金库白云支库

中国工商银行股份有限公司
广州市白云支行
★ 2014.07.06 ★
电子税票号：711002188
业务办理章

款项内容：代扣（地税）税款

小写金额：¥5000.00

大写金额：伍仟元整

纳税人编码：440103456789111

纳税人名称：蓝天贸易有限公司

税种	所属时期	纳税金额	备注
营业税	20140601—20140631	¥5000.00	地税

经办：　　复核：　　打印次数：1　　打印日期：

图9－9

业务操作：

根据缴税回单编制分录，并填制凭证。

记　账　凭　证

记字第038号

2014年07月06日

摘　要	总账科目	明细科目	借方金额											贷方金额											√
			亿	千	百	十	万	千	百	十	元	角	分	亿	千	百	十	万	千	百	十	元	角	分	
付营业税	应交税费	应交营业税						5	0	0	0	0	0												☐
	银行存款																		5	0	0	0	0	0	☐
																									☐
																									☐
																									☐
																									☐
合　计							¥	5	0	0	0	0	0					¥	5	0	0	0	0	0	☐

附单据1张

会计主管：　　记账：　　出纳：　　复核：　　制单：蓝小云

图9－10

【知识链接】

营业税改增值税中行业补充说明。

（1）研发和技术服务。

研发和技术服务包括研发服务、技术转让服务、技术咨询服务、合同能源管理服务、工程勘察勘探服务。其中，技术转让服务包括转让专利或者非专利技术的所有权或者使用权的业务活动。

（2）信息技术服务。

信息技术服务利用计算机、通信网络等技术对信息进行生产、收集、处理、加工、存储、运输、检索和利用，并提供信息服务的业务活动，包括软件服务、电路设计及测试服务、信息系统服务和业务流程管理服务。

（3）文化创意服务。

文化创意服务包括设计服务、商标著作权转让服务（包括商誉和特许经营权转让服务）、知识产权服务、广告服务（含广告代理服务）和会议展览服务（含会议展览代理服务）。注意，广告服务包括广告的策划、设计、制作、发布、播映、宣传、展示等。组织安排会议或展览的服务按照“会议展览服务”征收增值税。

（4）物流辅助服务。

物流辅助服务包括航空服务、港口码头服务、货运客运场站服务、打捞救助服务、货物运输代理服务、代理报关服务、仓储服务和装卸搬运服务。

财税〔2014〕86号规定，港口设施经营人收取的港口设施保安费按照“港口码头服务”征收增值税。

（5）有形动产租赁服务。

有形动产租赁服务包括有形动产融资租赁和有形动产经营性租赁。远洋运输的光租业务、航空运输的干租业务，属于有形动产租赁，按照“有形动产租赁服务”而非“交通运输业”征收增值税。

（6）鉴证咨询服务。

鉴证咨询服务包括认证服务、鉴证服务和咨询服务。建筑图纸审核服务、环境评估服务、医疗事故鉴定服务，按照“鉴证咨询服务”征收增值税；代理记账服务按照“咨询服务”征收增值税。

【技能实训】

蓝天贸易有限公司主要经营商品批发业务，2014年12月发生以下业务：

（1）公司以1 500 000元转让办公楼，该固定资产原值1 000 000元，已累计折旧500 000元，对方开出转账支票支付转让款项（原始凭证略）。

（2）参与主办一次歌剧表演，取得收入180 000元（原始凭证略）。

（3）出租厂房取得收入200 000元。

要求：根据上述资料，按下列顺序计算回答问题，每题需计算出合计数。

（1）计算该公司当期不动产转让应纳营业税，并编制会计分录。

（2）计算该公司当期歌剧表演应纳营业税，并编制会计分录。

（3）计算该公司出租厂房应纳营业税。

（4）填制纳税申报表。

SB001(2004年版)

表 9-5　广东省地方税收纳税申报表(综合)

填报日期：　年　月　日　　　　申报流水号：

纳税人税务登记号[　　　]　纳税人电脑编码[　　　]　管理机关：[　　　]

正常申报□自行补报□稽查自查申报□延期申报预缴□　　　　计算单位：元(列至角分)·m²·本·份·吨

纳税人名称(盖章)					注册地址							注册类型		
开户银行					账号					联系电话			邮编号码	
征收项目	征收品目	税费子目代码	税款所属时期	申报计税总额或总数量	允许扣除金额或数量	计税金额或数量	税(征收)率(单位税额)	速算扣除额	应纳税(费)额	扣除税(费)额		实际应缴纳税(费)额	税务机关已核定额	车牌号码及类型或房产、土地证号或项目管理码
										批准减免额	批准抵缴额			
1	2	3	4	5	6	7	8	9	10	11	12	13	14	15
合计														
房产税附列资料	房产建筑面积	m²	本期房产原值										租金收入	
			本期实际房产原值		从价计税的房产原值		从租计税的房产原值			批准减免税的房产原值				
如纳税人填报，由纳税人填列以下各栏						如委托代理人填报，由代理人填写以下栏								
纳税人声明：此纳税申报表是根据国家税收法律的规定填报的，我确定它是真实的、可靠的、完整的。 声明人签名：						代理人声明：此纳税申报表是根据国家税收法律的规定填报的，我确定它是真实的、可靠的、完整的。 声明人签名：								
主管会计			经办人			税务代理机构名称		税务代理机构地址			经办人			
由税务机关填写		受理人签名：　年　月　日				审核人签名：　年　月　日					录入人签名：　年　月　日			

三、消费税的计税及申报

1. 消费税的定义

在中华人民共和国境内生产、委托加工和进口本条例规定的消费品的单位和个人，以及国务院确定的销售本条例规定的消费品的其他单位和个人，为消费税的纳税人，应当依照本条例缴纳消费税。

2. 税率及税目表

表9－6

税目	税率
一、烟	
1. 卷烟	
（1）甲类卷烟（每条对外调拨价≥50元）	45%加0.003元/支
（2）乙类卷烟（每条对外调拨价<50元）	30%加0.003元/支
2. 雪茄烟	25%
3. 烟丝	30%
二、酒及酒精	
1. 白酒	20%加0.5元/500克（或者500毫升）
2. 黄酒	240元/吨
3. 啤酒	
（1）甲类啤酒［出厂价（含包装物及包装押金）≥3 000元/吨］	250元/吨
（2）乙类啤酒（出厂价<3 000元/吨）	220元/吨
4. 其他酒	10%
5. 酒精	5%
三、化妆品	30%
四、贵重首饰及珠宝玉石	
1. 金银首饰、铂金首饰和钻石及钻石饰品	5%
2. 其他贵重首饰和珠宝玉石	10%
五、鞭炮、焰火	15%
六、成品油	
1. 汽油	
（1）含铅汽油	1.40元/升
（2）无铅汽油	1.00元/升
2. 柴油	0.80元/升
3. 航空煤油	0.80元/升
4. 石脑油	1.00元/升
5. 溶剂油	1.00元/升
6. 润滑油	1.00元/升
7. 燃料油	0.80元/升
七、汽车轮胎	3%

（续上表）

税　目	税　率
八、摩托车	
1. 气缸容量（排气量，下同）在250毫升（含250毫升）以下的	3%
2. 气缸容量在250毫升以上的	10%
九、小汽车	
1. 乘用车	
（1）气缸容量（排气量，下同）在1.0升（含1.0升）以下的	1%
（2）气缸容量在1.0升以上至1.5升（含1.5升）的	3%
（3）气缸容量在1.5升以上至2.0升（含2.0升）的	5%
（4）气缸容量在2.0升以上至2.5升（含2.5升）的	9%
（5）气缸容量在2.5升以上至3.0升（含3.0升）的	12%
（6）气缸容量在3.0升以上至4.0升（含4.0升）的	25%
（7）气缸容量在4.0升以上的	40%
2. 中轻型商用客车	5%
十、高尔夫球及球具	10%
十一、高档手表	20%
十二、游艇	10%
十三、木制一次性筷子	5%
十四、实木地板	5%

3. 消费税计算

（1）消费税实行从价定率、从量定额，或者从价定率和从量定额复合计税（以下简称复合计税）的办法计算应纳税额。应纳税额计算公式：

实行从价定率办法计算的应纳税额＝销售额×比例税率

实行从量定额办法计算的应纳税额＝销售数量×定额税率

实行复合计税办法计算的应纳税额＝销售额×比例税率＋销售数量×定额税率

（2）纳税人自产自用的应税消费品，按照纳税人生产的同类消费品的销售价格计算纳税；没有同类消费品销售价格的，按照组成计税价格计算纳税。

实行从价定率办法计算纳税的组成计税价格计算公式：

组成计税价格＝（成本＋利润）÷（1－比例税率）

实行复合计税办法计算纳税的组成计税价格计算公式：

组成计税价格＝（成本＋利润＋自产自用数量×定额税率）÷（1－比例税率）

（3）委托加工的应税消费品，按照受托方的同类消费品的销售价格计算纳税；没有同类消费品销售价格的，按照组成计税价格计算纳税。

实行从价定率办法计算纳税的组成计税价格计算公式：

组成计税价格＝（材料成本＋加工费）÷（1－比例税率）

实行复合计税办法计算纳税的组成计税价格计算公式：

组成计税价格＝（材料成本＋加工费＋委托加工数量×定额税率）÷（1－比例税率）

（4）进口的应税消费品，按照组成计税价格计算纳税。

实行从价定率办法计算纳税的组成计税价格计算公式：

组成计税价格＝（关税完税价格＋关税）÷（1－消费税比例税率）

实行复合计税办法计算纳税的组成计税价格计算公式：

组成计税价格＝（关税完税价格＋关税＋进口数量×消费税定额税率）÷（1－消费税比例税率）

【技能实训】

蓝天酒厂为增值税一般纳税人，主要生产薯类白酒和啤酒。2014 年 6 月销售粮食白酒 60 000 斤，取得不含税销售额 110 000 元，销售啤酒 200 吨，不含增值税售价为 3 000 元/吨。销售粮食白酒收取包装物押金 10 000 元，计算该酒厂 2014 年 6 月应缴纳多少消费税并填制纳税申报表。

表9－7　酒及酒精消费税纳税申报表

税款所属期：　　　　　年　月　日至　　　　年　月　日

纳税人名称（章）：

纳税人识别号：□□□□□□□□□□□□□□□□□□□□

年　　月　　日

金额单位：元（列至角分）

项目 应税消费品名称	适用税率		销售数量	销售额	应纳税额
	定额税率	比例税率			
粮食白酒	0.5元/斤	20%			
薯类白酒	0.5元/斤	20%			
啤酒	250元/吨	—			
啤酒	220元/吨	—			
黄酒	240元/吨	—			
其他酒	—	10%			
酒精	—	5%			
合计	—	—	—	—	

<table>
<tr><td>本期准予抵减税额：</td><td rowspan="3">声明
此纳税申报表是根据国家税收法律的规定填报的，我确定它是真实的、可靠的、完整的。
经办人（签章）：
财务负责人（签章）：
联系电话：</td></tr>
<tr><td>本期减（免）税额：</td></tr>
<tr><td>期初未缴税额：</td></tr>
<tr><td>本期缴纳前期应纳税额：</td><td rowspan="4">（如果你已委托代理人申报，请填写）
授权声明
为代理一切税务事宜，现授权____________（地址）为本纳税人的代理申报人，任何与本申报表有关的往来文件，都可寄予此人。
授权人签章：</td></tr>
<tr><td>本期预缴税额：</td></tr>
<tr><td>本期应补（退）税额：</td></tr>
<tr><td>期末未缴税额：</td></tr>
</table>

以下由税务机关填写

受理人（签章）：　　　受理日期：　　年　　月　　日　　　受理税务机关（章）：

四、城市维护建设税及教育费附加的计税及申报

1. 城市维护建设税概念

城市维护建设税是一种具有附加税性质的税种，是以纳税人实际缴纳的增值税、消费税、营业税税额为计税依据而征收的一种税。

表 9-8 税率表

纳税人所在地	税率
市区	7%
县城和镇	5%
市区、县城和镇以外的其他地区	1%

计算公式：

应纳税额 = （实际缴纳的增值税 + 消费税 + 营业税） × 适用税率

2. 教育费附加概念

教育费附加是对缴纳增值税、消费税、营业税的单位和个人征收的一种附加费，其有发展地方性教育事业，扩大地方教育经费的资金来源的作用，征收率为3%。

计算公式：

应纳教育费附加 = （实际缴纳的增值税、消费税、营业税三税税额） ×3%

【技能实训】

蓝天贸易有限公司2014 年7 月份实际缴纳增值税28 万元，缴纳消费税30 万元，缴纳营业税5 万元，该公司位于市区。

要求：计算该企业应缴纳的城市维护建设税及教育费附加并填制纳税申报表。

SB001(2004 年版)

表 9-9 广东省地方税收纳税申报表(综合)

填报日期: 年 月 日　　　　申报流水号:

纳税人税务登记号 [ ]　纳税人电脑编码 [ ]　管理机关: [ ]

正常申报☐自行补报☐稽查自查申报☐延期申报预缴☐　　　　计算单位:元(列至角分)·m^2·本·份·吨

纳税人名称(盖章)					注册地址							注册类型		
开户银行					账号						联系电话		邮编号码	
征收项目	征收品目	税费子目代码	税款所属时期	申报计税总额或总数量	允许扣除金额或数量	计税金额或数量	税(征收)率(单位税额)	速算扣除额	应纳税(费)额	扣除税(费)额		实际应缴纳税(费)额	税务机关已核定额	车牌号码及类型或房产、土地证号或项目管理码
										批准减免额	批准抵缴额			
1	2	3	4	5	6	7	8	9	10	11	12	13	14	15
合计														

房产税附列资料	房产建筑面积	m^2	本期房产原值								租金收入	
			本期实际房产原值		从价计税的房产原值		从租计税的房产原值		批准减免税的房产原值			

其他报送资料:资产负债表☐　损益表 ☐　发票领用存根表☐　减免税批复文件☐　稽查文书☐　延期申报批复文件☐　其他税务文书☐　其他报送资料☐　　共　份　页

如纳税人填报,由纳税人填列以下各栏				如委托代理人填报,由代理人填写以下栏					
纳税人声明:此纳税申报表是根据国家税收法律的规定填报的,我确定它是真实的、可靠的、完整的。 声明人签名:				代理人声明:此纳税申报表是根据国家税收法律的规定填报的,我确定它是真实的、可靠的、完整的。 声明人签名:					
主管会计		经办人		税务代理机构名称		税务代理机构地址		经办人	
由税务机关填写	受理人签名: 年 月 日			审核人签名: 年 月 日			录入人签名: 年 月 日		

备注:1.领取税票记录:已领☐　未领☐　2.如领用地方税发票,请附《发票领、用、存月报表》(FP100)

五、关税的计税及申报

1. 关税概念

关税是指国家海关对进出一国关境的货物或物品征收的一种流转税。

2. 关税的计算

关税税额 = 关税完税价格 × 税率

3. 进口货物的完税价格

以到岸价为完税价格，到岸价包括货物的价格、货物运抵我国境内输入地点起卸前的运输及相关费用、保险费。

【技能实训】

蓝天进出口公司进口一批电子设备，经海关审定的成交价为 210 万美元。另外，货物运抵我国境内输入地点起卸前的运输费为 12 万美元，保险费为 21 万美元。市场汇率为 1 美元 =6.8 元人民币，该设备适用关税税率为 30%。

项目 3　所得税的计税及申报

一、企业所得税的计税及申报

（一）企业所得税概念

企业所得税是对我国境内的企业（包括居民企业和非居民企业），就其应纳税所得额依法征收的一种税。

（二）税率

（1）基本税率：25% 的比例税率。

适用于居民企业以及在中国设有机构、场所，取得与该机构、场所有实际联系所得。

（2）小型微利企业税率：20% 的比例税率。

适用于以下企业：①制造业，年度应纳税所得额不超过 30 万元，从业人数不超过 100 人，资产总额不超过 3 000 万元。②非制造业，年度应纳税所得额不超过 30 万元，从业人数不超过 80 人，资产总额不超过 1 000 万元。

（三）计税方法

1. 计算应纳税所得额

应纳税所得额 = 利润总额 ± 税收调整项目金额
= 应税收入总额 − 税法规定准予扣除项目金额

2. 计算应税收入

①销售货物收入。②提供劳务收入。③转让财产收入。④股息、红利等权益性投资收入。⑤利息收入。⑥租金收入。⑦特许权使用费收入。⑧接受捐赠收入。⑨其他收入。

3. 计算不征税收入

①财政拨款。②行政事业性收费与政府性基金。③其他不征税收入。

4. 计算免税收入

①国债利息收入。②符合条件的居民企业之间的股息、红利等权益性投资收益。

5. 计算可扣除项目金额

（1）借款费用。

企业经营期间发生的不需要资本化，借款利率不超过同期银行贷款利率的借款费用可以扣除。

扣除限额 = 借款本金 × 实际借款利率

（2）工资、薪金支出。

企业实际发生的合理的工资薪金，准予扣除。

（3）职工工会经费、职工福利费、职工教育经费。

①职工的福利费支出，不超过工资薪金总额14%的部分准予扣除。

扣除限额 = 工资总额 ×14%

②职工教育经费支出，在工资总额2.5%以内的部分准予据实扣除，超过部分，准予在以后纳税年度结转扣除。

扣除限额 = 工资总额 ×2.5%

③企业发生的工会经费支出，在工资总额2%以内准予据实扣除。

扣除限额 = 工资总额 ×2%

（4）保险费用。

（5）业务招待费。

企业发生的与生产经营有关的业务招待费支出，按照发生额的60%扣除，但最高不得超过当年销售（营业）收入的5‰。

（6）广告费和业务宣传费。

企业发生的符合条件的广告费和业务宣传费支出，除国务院财政、税务主管部门另有规定外，不超过当年销售（营业）收入15%的部分，准予扣除；超过部分，准予在以后纳税年度结转扣除。对化妆品制造、医药制造和饮料制造（不含酒类制造）企业发生的广告费和业务宣传费支出，不超过当年销售（营业）收入30%的部分，准予扣除；超过部分，准予在以后纳税年度结转扣除。烟草企业的烟草广告费和业务宣传费支出，一律不得在计算应纳税所得额时扣除。

【技能实训】

蓝天贸易有限公司2014年企业会计报表利润为2 060 000元，应按25%的税率缴纳企业所得税。该企业该年度相关部门资料如下：

（1）企业2014年度实际列支工资、津贴、奖金3 800 000元，其中实际发生职工福利费550 000元，拨缴职工工会经费98 000元，发生职工教育经费120 000元。

（2）企业长期借款账中记载：年初向中国工商银行借款250 000元，年利率为9%；向其他企业借款100 000元，年利率为12%，上述借款均用于生产经营，利息支出均已列入财务费用。

（3）全年境内销售收入60 000 000元，企业列支业务招待费251 000元，列支广告费232 000元。

（4）年中因违法行为被罚款8 500元，已列支。

（5）通过红十字会向希望工程捐款200 000元。

（6）向困难职工李某捐赠15 000元，已在营业外支出中列支。

（7）国债利息收入25 000元。

（8）全年发生新产品研究开发费用250 000元，列入管理费用。

（9）当年购置安全生产专用设备1 200 000元投入生产。

要求：请计算与核算A企业应缴纳的企业所得税并填制纳税申报表。

表9－10　中华人民共和国企业所得税年度纳税申报表（A类）

税款所属期间：　年　月　日至　　年　月　日

纳税人名称：

纳税人识别号：□□□□□□□□□□□□□□□□□□□□□□□□□　　　　金额单位：元（列至角分）

类别	行次	项目	金额
利润总额计算	1	一、营业收入（填附表一）	
	2	减：营业成本（填附表二）	
	3	营业税务金及附加	
	4	销售费用（填附表二）	
	5	管理费用（填附表二）	
	6	财务费用（填附表二）	
	7	资产减值损失	
	8	加：公允价值变动收益	
	9	投资收益	
	10	二、营业利润	
	11	加：营业外收入（填附表一）	
	12	减：营业外支出（填附表二）	
	13	三、利润总额（10＋11－12）	
应纳税所得额计算	14	加：纳税调整增加额（填附表三）	
	15	减：纳税调整减少额（填附表三）	
	16	其中：不征税收入	
	17	免税收入	
	18	减计收入	
	19	减、免税项目所得	
	20	加计扣除	
	21	抵扣应纳税所得额	
	22	加：境外应税所得弥补境内亏损	
	23	纳税调整后所得（13＋14－15＋22）	
	24	减：弥补以前年度亏损（填附表四）	
	25	应纳税所得额（23－24）	
应纳税额计算	26	税率（25%）	
	27	应纳所得税额（25×26）	
	28	减：减免所得税额（填附表五）	
	29	减：抵免所得税额（填附表五）	
	30	应纳税额（27－28－29）	
	31	加：境外所得应纳所得税额（填附表六）	
	32	减：境外所得抵免所得税额（填附表六）	
	33	实际应纳所得税额（30＋31－32）	
	34	减：本所累计实际已预缴的所得税额	
	35	其中：汇总纳税的总机构分摊的预缴税额	
	36	汇总纳税的总机构财政调库预缴的税额	
	37	汇总纳税的总机构所属分支机构分摊的预缴税额	
	38	合并纳税（母子体制）成员企业就地预缴比例	
	39	合并纳税企业就地预缴的所得税额	
	40	本年应补（退）的所得税额（33－34）	
附列资料	41	以前年度多缴的所得税额在本年抵减额	
	42	以前年度应缴未缴在本年入库所得税额	

纳税人公章： 经办人： 申报日期：　年　月　日	代理申报中介机构公章： 经办人及执业证件号码： 代理申报日期：　年　月　日	主管税务机关受理专用章： 受理人： 受理日期：　年　月　日

企业所得税年度纳税申报表附表一。

表 9－11 收入明细表

填报时间：　　　年　　月　　日　　　　　　　　　　　　金额单位：元（列至角分）

行次	项　目	金　额
1	一、销售（营业）收入合计（2+13）	
2	（一）营业收入合计（3+8）	
3	1. 主营业务收入（4+5+6+7）	
4	（1）销售货物	
5	（2）提供劳务	
6	（3）让渡资产使用权	
7	（4）建造合同	
8	2. 其他业务收入（9+10+11+12）	
9	（1）材料销售收入	
10	（2）代购代销手续费收入	
11	（3）包装物出租收入	
12	（4）其他	
13	（二）视同销售收入（14+15+16）	
14	（1）非货币性交易视同销售收入	
15	（2）货物、财产、劳务视同销售收入	
16	（3）其他视同销售收入	
17	二、营业外收入（18+19+20+21+22+23+24+25+26）	
18	1. 固定资产盘盈	
19	2. 处置固定资产净收益	
20	3. 非货币性资产交易收益	
21	4. 出售无形资产收益	
22	5. 罚款净收入	
23	6. 债务重组收益	
24	7. 政府补助收入	
25	8. 捐赠收入	
26	9. 其他	

经办人（签章）：　　　　　　　　　　　　法定代表人（签章）：

企业所得税年度纳税申报表附表二。

表9－12　成本费用明细表

填报时间：　　年　　月　　日　　　　　　　　　　　　　　　　金额单位：元（列至角分）

行次	项　目	金　额
1	一、销售（营业）成本合计（2＋7＋12）	
2	（一）主营业务成本（3＋4＋5＋6）	
3	（1）销售货物成本	
4	（2）提供劳务成本	
5	（3）让渡资产使用权成本	
6	（4）建造合同成本	
7	（二）其他业务成本（8＋9＋10＋11）	
8	（1）材料销售成本	
9	（2）代购代销费用	
10	（3）包装物出租成本	
11	（4）其他	
12	（三）视同销售成本（13＋14＋15）	
13	（1）非货币性交易视同销售成本	
14	（2）货物、财产、劳务视同销售成本	
15	（3）其他视同销售成本	
16	二、营业外支出（17＋18＋…＋24）	
17	1. 固定资产盘亏	
18	2. 处置固定资产净损失	
19	3. 出售无形资产损失	
20	4. 债务重组损失	
21	5. 罚款支出	
22	6. 非常损失	
23	7. 捐赠支出	
24	8. 其他	
25	三、期间费用（26＋27＋28）	
26	1. 销售（营业）费用	
27	2. 管理费用	
28	3. 财务费用	

经办人（签章）：　　　　　　　　　　　　　　　　法定代表人（签章）：

企业所得税年度纳税申报表附表三。

表 9－13　纳税调整项目明细表

填报时间：　　　　年　月　日　　　　　　　　　　　　　　金额单位：元（列至角分）

	行次	项　目	账载金额	税收金额	调增金额	调减金额
			1	2	3	4
	1	一、收入类调整项目	*	*		
	2	1. 视同销售收入（填附表一）	*	*		*
#	3	2. 接受捐赠收入	*			*
	4	3. 不符合税收规定的销售折扣和折让				*
*	5	4. 未按权责发生制原则确认的收入				
*	6	5. 按权益法核算长期股权投资对初始投资成本调整确认收益	*	*	*	
	7	6. 按权益法核算的长期股权投资持有期间的投资损益	*	*		
*	8	7. 特殊重组				
*	9	8. 一般重组				
*	10	9. 公允价值变动净收益（填附表七）	*	*		
	11	10. 确认为递延收益的政府补助				
	12	11. 境外应税所得（填附表六）	*	*	*	
	13	12. 不允许扣除的境外投资损失	*	*		*
	14	13. 不征税收入（填附表一［3］）	*	*	*	
	15	14. 免税收入（填附表五）	*	*	*	
	16	15. 减计收入（填附表五）	*	*	*	
	17	16. 减、免税项目所得（填附表五）	*	*	*	
	18	17. 抵扣应纳税所得额（填附表五）	*	*	*	
	19	18. 其他				
	20	二、扣除类调整项目	*	*		
	21	1. 视同销售成本（填附表二）	*	*	*	
	22	2. 工资薪金支出				
	23	3. 职工福利费支出				
	24	4. 职工教育经费支出				
	25	5. 工会经费支出				
	26	6. 业务招待费支出				*
	27	7. 广告费和业务宣传费支出（填附表八）	*	*		
	28	8. 捐赠支出				*

（续上表）

	行次	项　目	账载金额 1	税收金额 2	调增金额 3	调减金额 4
	29	9. 利息支出				
	30	10. 住房公积金				*
	31	11. 罚金、罚款和被没收财物的损失		*		*
	32	12. 税收滞纳金		*		*
	33	13. 赞助支出		*		*
	34	14. 各类基本社会保障性缴款				
	35	15. 补充养老保险、补充医疗保险				
	36	16. 与未实现融资收益相关在当期确认的财务费用				
	37	17. 与取得收入无关的支出		*		*
	38	18. 不征税收入用于支出所形成的费用		*		*
	39	19. 加计扣除（填附表五）	*	*	*	
	40	20. 其他				
	41	三、资产类调整项目	*	*		
	42	1. 财产损失				
	43	2. 固定资产折旧（填附表九）	*	*		
	44	3. 生产性生物资产折旧（填附表九）	*	*		
	45	4. 长期待摊费用的摊销（填附表九）	*	*		
	46	5. 无形资产摊销（填附表九）	*	*		
	47	6. 投资转让、处置所得（填附表十一）	*	*		
	48	7. 油气勘探投资（填附表九）				
	49	8. 油气开发投资（填附表九）				
	50	9. 其他				
	51	四、准备金调整项目（填附表十）	*	*		
	52	五、房地产企业预售收入计算的预计利润	*	*		
	53	六、特别纳税调整应税所得	*	*		*
	54	七、其他	*	*		
	55	合　计	*	*		

经办人（签章）：　　　　　　　　　　　　　　法定代表人（签章）：

注：1. 标有“＊”的行次为执行新会计准则的企业填列，标有“#”的行次为除执行新会计准则以外的企业填列。

2. 没有标注的行次，无论执行何种会计核算办法，有差异就填报相应行次，填“＊”号不可填列。

3. 有二级附表的项目只填调增、调减金额，账载金额、税收金额不再填写。

企业所得税年度纳税申报表附表五（附表四略）。

表9－14 税收优惠明细表

填报时间：　　　年　　月　　日　　　　　　　　　　　　　　　　　金额单位：元

项　目	金　额
一、免税收入（2+3+4+5）	
1. 国债利息收入	
2. 符合条件的居民企业之间的股息、红利等权益性投资收益	
3. 符合条件的非营利组织的收入	
4. 其他	
二、减计收入（7+8）	
1. 企业综合利用资源，生产符合国家产业政策规定的产品所取得的收入	
2. 其他	
三、加计扣除额合计（10+11+12+13）	
1. 开发新技术、新产品、新工艺发生的研究开发费用	
2. 安置残疾人员所支付的工资	
3. 国家鼓励安置的其他就业人员支付的工资	
4. 其他	
四、减免所得额合计（15+25+29+30+31+32）	
（一）免税所得（16+17+…+24）	
1. 蔬菜、谷物、薯类、油料、豆类、棉花、麻类、糖料、水果、坚果的种植	
2. 农作物新品种的选育	
3. 中药材的种植	
4. 林木的培育和种植	
5. 牲畜、家禽的饲养	
6. 林产品的采集	
7. 灌溉、农产品初加工、兽医、农技推广、农机作业和维修等农、林、牧、渔服务业项目	
8. 远洋捕捞	
9. 其他	
（二）减税所得（26+27+28）	
1. 花卉、茶以及其他饮料作物和香料作物的种植	
2. 海水养殖、内陆养殖	

（续上表）

项　目	金　额
3. 其他	
（三）从事国家重点扶持的公共基础设施项目投资经营的所得	
（四）从事符合条件的环境保护、节能节水项目的所得	
（五）符合条件的技术转让所得	
（六）其他	
五、减免税合计（34 +35 +36 +37 +38）	
（一）符合条件的小型微利企业	
（二）国家需要重点扶持的高新技术企业	
（三）民族自治地方的企业应缴纳的企业所得税中属于地方分享的部分	
（四）过渡期税收优惠	
（五）其他	
六、创业投资企业抵扣的应纳税所得额	
七、抵免所得税额合计（41 +42 +43 +44）	
（一）企业购置用于环境保护专用设备的投资额抵免的税额	
（二）企业购置用于节能节水专用设备的投资额抵免的税额	
（三）企业购置用于安全生产专用设备的投资额抵免的税额	
（四）其他	
企业从业人数（全年平均人数）	
资产总额（全年平均数）	
所属行业（工业企业　　其他企业）	

经办人（签章）：　　　　　　　　　　　　　　法定代表人（签章）：

二、个人所得税的计税及申报

1. 个人所得税概念

个人所得税是以纳税个人（自然人）取得的各项应税所得为征税对象征收的一种税。

2. 个人所得税的征税对象

（1）工资、薪金所得。

（2）个人工商业户的生产、经营所得。

（3）对企事业单位的承包经营、承租经营所得。

（4）劳务报酬所得。

（5）稿酬所得。

（6）特许权使用费所得。

（7）利息、股息、红利所得。

（8）财产租赁所得。
（9）财产转让所得。
（10）偶然所得。
（11）其他。
3. 个人所得税的计算及申报缴纳
（1）工资、薪金所得。
自2011年9月1日起调整后，也就是2014年实行7级超额累进个人所得税税率。

应纳个人所得税税额＝应纳税所得额×适用税率－速算扣除数
应纳税所得额＝应税收入－扣除标准

扣除标准3 500元/月（2011年9月1日起正式执行），工资、薪金所得适用。

表9－15

级数	全月应纳税所得额（含税级距）	全月应纳税所得额（不含税级距）	税率（%）	速算扣除数
1	不超过1500元	不超过1455元的	3	0
2	超过1500元至4500元的部分	超过1455元至4155元的部分	10	105
3	超过4500元至9000元的部分	超过4155元至7755元的部分	20	555
4	超过9000元至35000元的部分	超过7755元至27255元的部分	25	1005
5	超过35000元至55000元的部分	超过27255元至41255元的部分	30	2755
6	超过55000元至80000元的部分	超过41255元至57505元的部分	35	5505
7	超过80000元的部分	超过57505元的部分	45	13505

（2）个体工商户的生产、经营所得和对企事业单位的承包经营、承租经营所得适用。

表9－16

级数	全年应纳税所得额	税率（%）	速算扣除数
1	不超过15000元的	5	0
2	超过15000元至30000元的部分	10	750
3	超过30000元至60000元的部分	20	3750
4	超过60000元至100000元的部分	30	9750
5	超过100000元的部分	35	14750

（3）劳动报酬所得、稿酬所得（稿酬所得应税金额减征优惠）、特许权使用费所得、

财产租赁所得适用。

每次收入不超过 4 000 元的，减除费用 800 元；4 000 元以上的，减除 20% 的费用，然后就其余额按比例税率 20% 征收。

表 9－17

级数	每次应纳税所得额（含税级距）	不含税级距	税率	速算扣除数
1	不超过 20000 元的	不超过 16000 元的	20%	0
2	超过 20000 元至 50000 元的部分	超过 16000 元至 37000 元的部分	30%	2000
3	超过 50000 元部分	超过 37000 元的部分	40%	7000

（4）财产转让所得适用。

减除财产原值和合理费用后的余额，按比例税率 20% 征收。

（5）利息、股息、红利所得，偶然所得和其他所得适用。

无费用扣除，以每次收入为应纳税所得额，按比例税率 20% 征收。

【技能实训】

（1）2014 年 7 月蓝天贸易有限公司发放员工工资情况如下：赵明该月工资为5 200元；钱朗该月工资为 4 800 元；孙勇该月工资为 3 800 元；李桥该月工资为 2 000 元；外籍员工杰克该月工资为 8 200 元。试填制表 9－18。

表 9－18　扣缴个人所得税报告表

扣缴义务人编码：□□□□□□□□□□□□□□□□□□□□

扣缴义务人名称（公章）：

填表日期：　　年　　月　　日　　　　金额单位：元（列至角分）

序号	纳税人姓名	身份证照类型	身份证照号码	国籍	所得项目	所得期间	收入额	免税收入额	允许扣除的税费	费用扣除标准	准予扣除的捐赠额	应纳税所得额	税率%	速算扣除数	应扣税额	已扣税额	备注
1	2	3	4	5	6	7	8	9	10	11	12	13	14	15	16	17	18
合　计										—	—	—	—	—			

扣缴义务人声明	我声明：此扣缴报告表是根据国家税收法律、法规的规定填报的，我确定它是真实的、可靠的、完整的。 声明人签字：

会计主管签字：　　　　负责人签字：

扣缴单位（或法定代表人）（签章）：

受理人（签章）：　　　　受理日期：　　年　　月　　日

受理税务机关（章）：

参考文献

1. 中华人民共和国财政部. 企业会计准则（2006）. 北京：经济科学出版社，2006.

2. 会计从业资格考试辅导教材编写组. 财经法规与会计职业道德. 北京：中国财政经济出版社，2014.

3. 中华人民共和国企业所得税法. 2008 年 1 月 1 日起执行.

4. 中华人民共和国增值税暂行条例. 2009 年 1 月 1 日起执行.

5. 中华人民共和国消费税暂行条例. 2009 年 1 月 1 日起执行.

6. 蒙丽容主编. 企业会计岗位核算实务. 上海：立信会计出版社，2014.

7. 李静，冷春梅. 会计岗位实训教程. 北京：机械工业出版社，2012.

8. 余国艳. 出纳岗位技能实训. 北京：科学出版社，2012.